新华保险制式培训教材

社会保障概论

SHEHUI BAOZHANG GAILUN

万 峰　主编

中国金融出版社

责任编辑：亓　霞
责任校对：张志文
责任印制：程　颖

图书在版编目(CIP)数据

社会保障概论（Shehui Baozhang Gailun）/万峰主编.—北京：中国金融出版社，2018.11

ISBN 978-7-5049-9801-9

I.①社⋯ II.①万⋯ III.①社会保障—中国—职业培训—教材 IV.①D632.1

中国版本图书馆CIP数据核字（2018）第234989号

出版 中国金融出版社
发行

社址　北京市丰台区益泽路2号
市场开发部　（010）63266347，63805472，63439533 (传真)
网 上 书 店　http://www.chinafph.com
　　　　　　（010）63286832，63365686 (传真)
读者服务部　（010）66070833，62568380
邮编　100071
经销　新华书店
印刷　保利达印务有限公司
尺寸　169毫米×239毫米
印张　8.25
字数　130千
版次　2018年11月第1版
印次　2018年11月第1次印刷
定价　20.00元
ISBN 978-7-5049-9801-9
如出现印装错误本社负责调换　联系电话(010) 63263947

序 言 Preface

中国特色社会主义已经进入新时代。站在新时代的入口，"保险姓保""回归本原"以及为社会提供风险管理服务成为中国寿险业的必然选择与发展方向。充分发挥自身分散风险、补偿损失和积蓄基金的优势，通过市场化风险管理机制和高质量的发展，在养老、健康、医疗等领域顺势而为，谋民生之利、解民生之忧、保障民生福祉，这既是新时代赋予中国寿险业的重大使命，也是新时代为中国寿险业发展创造的难得机遇。

新华保险近年来聚焦高质量发展，全力推进实施转型战略，通过两年的努力，初步完成转型任务，可持续发展能力大大加强。在这个过程中，我们深刻地体会到高质量发展需要高素质的人才。在"回归本原"和实现高质量发展的客观要求下，我们必须不断提升员工和销售队伍的专业技能和综合素质，坚持把教育培训放在优先发展的战略位置。强司先强教。教育培训不仅是寿险公司高质量发展的核心要素，也是公司增长动能转换的核心动力，更是公司赢得市场竞争的核心优势。

高质量发展要求寿险公司的教育培训，不能是"师傅带徒弟的作坊式培训"，也不能是"战地医院式的补救式培训"，而应该是制度、教材、讲师、实施"四位一体"的正规化、专业化、系统化的教育培训体系。其中，制度是开展教育培训工作的基本前提，教材是教育培训内容的重要载体，讲师是教育培训工作的具体承担者，实施是教育培训工作的落脚点和实现教育培训目标的关键。

为此，我们在2017年"搭架构、建制度"的基础上，2018年开始着手开发一套具有新华特色，符合公司需要，体现科学性、针对性和实用性的制式培训教材。本套培训教材，围绕公司人才培养目标，立足公司教育培训实际，以公司员工和销售人员岗位能力建设为核心，涵盖公司员工和销售队伍所应该具备的公共知识和基本专业技能，强化案例与情境模拟，丰富知识呈现形式，是一套与公司战略和业务发展相匹配的具有新华特色的制式培训教材。

尽管本套培训教材还有诸多需要完善之处，但我认为这是一个良好的开端。希望本套培训教材的出版能够在公司现代教育培训体系中发挥积极、重要的作用，也衷心希望本套培训教材能够对行业和关心保险业的人士有所帮助。

万　峰

2018年9月10日

目 录 Contents

第一章 概 述

第一节 社会保障的基本界定

一、社会保障的含义和特征 / 2

二、社会保障的基本原则 / 4

三、社会保障的主要功能 / 6

第二节 社会保障的基本构成

一、社会保险 / 10

二、社会救济 / 13

三、社会福利 / 17

四、优抚安置 / 21

第三节 社会保障相关关系

一、社会保险和社会救济、社会福利 / 22

二、社会保险和商业保险 / 25

本章思考题 / 29

第二章 医疗保障体系

第一节 医疗保障概述

一、医疗保障的典型模式　/ 32

二、医疗保障基金的筹集与支付　/ 36

三、我国的医疗保障体系　/ 40

第二节 我国的基本医疗保障体系

一、基本框架　/ 42

二、城镇职工基本医疗保险　/ 43

三、城乡居民基本医疗保险　/ 45

四、基本医疗补充保险和医疗救助　/ 47

第三节 我国基本医疗保险的政策内容

一、城镇职工基本医疗保险的政策内容　/ 49

二、城乡居民基本医疗保险的政策内容　/ 51

三、基本医疗补充保险的政策内容　/ 55

本章思考题　/ 60

第三章 养老保险体系

第一节 养老风险与养老保险

一、养老风险的产生　/ 62

二、生命周期假说与养老保障需求　/ 66

三、养老保险　/ 68

第二节　基本养老保险制度

一、基本养老保险概述　/ 73

二、我国的基本养老保险制度　/ 76

三、我国的补充养老保险制度　/ 79

第三节　基本养老保险的政策内容

一、企业职工基本养老保险的政策内容　/ 81

二、城乡居民基本养老保险制度的政策内容　/ 84

三、机关事业单位基本养老保险制度的政策内容　/ 88

四、补充养老保险制度的政策内容　/ 91

本章思考题　/ 93

第四章　社会保险其他项目

第一节　工伤保险

一、工伤保险概述　/ 96

二、工伤保险费率　/ 99

三、工伤认定　/ 102

四、劳动能力鉴定　/ 104

五、工伤保险待遇　/ 105

第二节　失业保险

一、失业与失业保险　/ 109

二、我国失业保险制度的主要内容　/ 113

第三节 生育保险

一、生育保险概述 / 116

二、我国生育保险制度的主要内容 / 118

本章思考题 / 121

参考文献 /122
后记 / 124

第一章 概 述

虽然"社会保障"一词，最早出自美国1935年颁布的《社会保障法》，但是现代社会保障制度的产生，却可以追溯到16世纪英国的《济贫法》。一般认为，16世纪英国的《济贫法》是现代社会保障制度的前身，而19世纪80年代德国强制推行的《疾病保险法》《工伤保险法》《养老、残疾、死亡保险法》等社会保险法案是现代社会保障制度形成的标志。1935年美国的《社会保障法》，以及1942年英国的《社会保险及相关服务》即《贝弗里奇报告》则是现代社会保障制度全面发展的标志。目前，社会保障已经发展成为现代经济社会中不可或缺的重要组成部分。这里，我们将从社会保障的基本界定和基本构成入手，认识社会保障体系及其相关项目。

通过本章学习将帮助你

掌握社会保障的含义、特征、基本原则和主要功能

掌握社会保障的基本构成

了解社会保障体系构成的相互关系

第一节
社会保障的基本界定

社会保障是一个发展的概念，不同阶段、不同的国家和地区对于社会保障有着不同的认识。因此，准确定义社会保障不是一件容易的事情，不过我们还是可以从人们的共性认识中发现社会保障的本质特征和基本内容。

一、社会保障的含义和特征

"社会保障"（social security）一词最早出自美国1935年颁布的《社会保障法》，之后被人们普遍采用。不过，即使在美国，关于社会保障的含义也没有一致的约定。世界各国根据自身的实际赋予社会保障不同的定义。

例如，美国1999年出版的《社会工作词典》将社会保障定义为："一个社会对那些遇到了已经由法律作出定义的困难公民，如年老、生病、年幼或失业的人提供的收入补助。"日本的《社会保障读本》中则认为"社会保障是指国民在生活上蒙受诸如失业、伤病、高龄等各种事故，而使这些国民的生活源泉——所得出现中断或减少，给国民生活带来困难时，通过社会保障机制进行国民再分配，保障其最低限度的收入所得，由国家来救济国民生活缺损的制度"。而《新大不列颠百科全书》中将社会保障定义为"对病残、失业、作物失收、丧偶、妊娠、抚养子女或退休的人提供现金待遇"。

联合国国际劳工组织对社会保障的界定是："社会保障是社会通过一系列的公共措施对其成员提供保护,以防止由于疾病、生育、工伤、失业、残疾、老年和死亡等原因而导致收入中断或大幅度降低工资而遭受经济和社会贫困,并对社会成员提供医疗和对有子女的家庭提供补贴的一种制度。"[①]

在我国,不同的学者也根据自己的理解对社会保障进行了不同的定义。例如,陈良瑾教授认为:"社会保障是国家和社会通过国民收入分配与再分配,依法对社会成员的基本生活权利予以保障的社会安全制度。"[②]葛寿昌教授的定义是:"社会保障是社会(国家)通过立法,采取强制手段,对国民收入进行分配和再分配形成社会消费基金,对基本生活发生困难的社会成员给予物质上的帮助,以保证社会安定的一种有组织的措施、制度和事业的总称。"

郑秉文教授在其《社会保障分析导论》中将社会保障定义为"社会保障是与社会主义市场经济的体制基础相适应,国家和社会依法对社会成员基本生活予以保障的社会安全制度。"[③]

郑功成教授在其《社会保障学》中给出的定义是:"社会保障是国家依法强制建立的、具有经济福利性的国民生活保障和社会稳定系统;在中国,社会保障应该是各种社会保险、社会救济、社会福利、军人保障、医疗保健、福利服务以及各种政府或企业补助、社会互助保障等社会措施的总称。"[④]

综上,尽管人们对于社会保障含义的表述不尽相同,但是有一些关于社会保障的本质特征却是人们所普遍接受的:

第一,社会保障的责任主体是政府。社会保障与国家的产生和发展密切相关,是防范社会风险、维护社会稳定的重要手段。政府作为社会保障制度的责任主体,承担着对社会成员进行保护的主要职责。

第二,社会保障的目标是满足公民的基本生活需要。社会保障是为社会成

[①] 孟醒. 统筹城乡社会保障[M]. 北京:经济科学出版社,2005:6.

[②] 陈良瑾. 社会保障教程[M]. 北京:知识出版社,1990:5.

[③] 郑秉文,和春雷. 社会保障分析导论[M]. 北京:法律出版社,2001:3.

[④] 郑功成. 社会保障学[M]. 北京:商务印书馆,2000:11.

员的基本生活权利提供保护，主要通过为社会成员提供基本生活保障以避免其因遭遇"生老病死残"、失业以及灾害等风险而无法维持其基本生活，进而通过保障社会成员基本生活调节社会关系，保持社会稳定。因此，社会保障不会根据不同个体的需求提供多层次、高水平的保障，而只是面对所有社会成员的一项"保基本"的重要的社会制度。

第三，社会保障的建立和实施依据国家立法，具有强制性。现代社会保障制度的建立和运行离不开国家立法和行政手段。公民享受社会保障的权利与国家提供社会保障的责任需由相关法律加以规定；社会保障项目、内容、标准、形式等均需由相关法律法规加以明确；社会保障管理机构的职责和程序也需相关法律制度加以规范。总之，国家立法和行政措施是社会保障得以有效运行的重要条件。

第四，社会保障的资金来源是对国民收入再分配形成的社会基金。社会保障的资金既有个人缴纳的部分，也有来自政府和企业的部分，是通过对国民收入的分配和再分配方式，多方面筹集的资金，对遭遇各种风险的社会成员提供基本生活保障，保障社会公平。

第五，社会保障本质上也是一种风险处理机制。社会保障不是针对某一个人的风险，而是国家对全体社会成员承担的社会责任，解决的是社会成员总体的风险，是国家和政府处理社会成员的"生老病死残"、失业以及灾害等风险的一种公共风险管理机制。

总之，社会保障是民生安全网、社会稳定器，与人民幸福安康息息相关，关系到国家的长治久安。本书依据上述要点，将社会保障的定义归结为：社会保障是指国家立法实施的，通过国民收入的再分配，对社会成员因遭遇"生老病死残"、失业以及灾害等各类风险而无法维持其基本生活需要给予物质帮助的一种基本社会制度。

二、社会保障的基本原则

在社会保障制度的建立和发展过程中应遵循一些基本准则。

（一）公平性原则

保证社会公平、维护社会稳定是社会保障制度安排的基本出发点，也是社会保障政策实践的基本归宿。社会保障制度安排中的公平性原则，主要体现在以下几个方面：一是保障范围的公平性，不会对保障对象的性别、职业、民族、地位等方面的身份有所限制；二是保障待遇的公平性，即社会保障一般只为国民提供基本生活保障，超过基本生活保障之上的需求通常不能从社会保障的途径获得解决；三是保障过程的公平性，社会保障为社会成员解除了许多后顾之忧，维护着社会保障参与社会竞争的起点与过程公平，通过资金的筹集和保障待遇的给付，又缩小着社会成员发展结果的不公平。

（二）强制性原则

社会保障的强制性原则，旨在切实保障社会成员的收入安全与基本生活。一方面，社会保障资金的筹集涉及国家、企业及其他法人团体与个人的权利、义务及经济利益，必须以法律作保证，并在政府的严格监控下完成；另一方面，作为一种社会稳定与利益调整机制，有关各方的权利、义务必须由法律明确规范，并要求严格依法办事。社会保障以立法规范为前提，以政府干预为条件，法律的硬约束与政府的强势干预是社会保障制度强制性的具体体现。

（三）福利性和互济性原则

对社会成员个人而言，其在社会保障方面的支出要小于在社会保障方面的收入，即所得大于所费，也即具有福利性。福利性原则强调的是社会成员在社会保障方面的交易成本低于所获得的保障待遇，社会保障旨在增进社会成员的总体福利水平。本质上社会保障是对市场机制缺陷的弥补。与福利性同等重要的是互济性，它既是社会保障制度赖以生存和发展的基础，也是增进整个社会协调发展的重要条件，两者互为条件、互相促进。

（四）普遍性与选择性原则

普遍性原则强调使全体社会成员均能享受相应的社会保障与福利；选择性

原则意在根据国家财政承受能力和受保障者的经济收入状况及对社会保障的需求程度，有区别地安排社会保障的项目、对象范围、筹资方式和待遇水平等。客观而论，普遍性原则和选择性原则在很多国家其实是相伴而行的，即在社会救济与社会福利方面可能遵循普遍性原则，而在社会保险方面却遵循选择性原则；或在城镇实行普遍性原则，而在乡村实行选择性的社会保障。因此，在肯定普遍性原则并尽可能推进社会保障的公平性的同时，不能把以上两个原则对立起来，而是应当承认发展中国家按照选择性原则或普遍性与选择性相结合的原则来建立社会保障的合理性与过渡性。

（五）多样性原则

社会保障的多样性原则包括：一是社会保障制度安排模式应多样化，以便适应不同社会群体并满足其需求；二是社会保障项目结构应多样化，不能指望一种项目来涵盖社会保障制度的全部内容；三是水平结构应多样化，即不同的社会保障项目需要在待遇水平上体现出差异，如失业保险待遇需要高于社会救济待遇。

社会保障制度建设中除了遵循以上原则之外，还要遵循其他原则，如责任分担原则、与社会经济发展相适应的原则等。

三、社会保障的主要功能

社会保障制度之所以受到世界各国的重视，发展社会保障事业之所以成为各国政府的基本施政方针，是因为社会保障具有其他社会制度无法比拟的功能。

（一）社会稳定功能

社会保障通过预先防范和即时化解风险来发挥稳定功能，被称为"民生安全网""社会稳定器"或"减震器"。

通过建立社会保障制度，国家从法律上、经济上为社会成员的基本生活提供相应保障，一方面，能使社会成员产生一种安全感，对未来生活有良好的心理预期，安居乐业；另一方面，能在一定程度上缩小贫富差距，缓解社会矛盾，创造公平、合理的社会环境，从而维系着社会秩序的稳定和社会的健康发展。

（二）调节功能

社会保障的调节功能表现在政治、经济和社会发展等多个领域。

政治上，可以调节不同利益集团之间的关系。现代社会保障在西方工业化国家之所以成为党派斗争和政党政治的核心议题，正是社会保障巨大政治功能的体现。

经济上，可以调节公平与效率之间的关系、调节国民收入的分配与再分配、调节国民经济的发展。具体而言，调节公平与效率是指社会保障要保持适度的水平和可持续发展。调节国民收入分配与再分配意味着通过社会保障资金的征集和待遇给付，在不同的受保障对象之间横向调节收入分配，在高收入和低收入阶层之间实现纵向调节分配。调节国民经济的发展主要表现在两个方面。一方面，社会保障资金的筹集、储存和分配，直接调节着国民储蓄与投资，并随着基金的融通而对相关产业经济的发展格局产生直接调节作用；另一方面，社会保障还是经济发展周期之间的蓄水池。当经济增长时，失业率下降，社会保障收入增加而支出减少，社会保障基金规模随之扩大，减少了社会需求的急剧膨胀，最终有助于平衡社会总供给和总需求；当经济衰退时，失业率提高，由于失业者不再缴纳社保费等而导致社会保障基金收入减少，而失业者及经济衰退带来的收入下降的低收入阶层的扩大会导致对社会保障待遇的要求增加，使社会保障基金支出规模扩大，从而在一定程度上具有唤起有效需求、增加国民购买力的功能，最终有助于经济复苏。

在社会发展方面，可以调节社会不同阶层之间的关系。社会保障可以调节富人和穷人、劳动者和退休者、就业者和失业者、健康者和疾患者、幸运者和不幸者等之间的利益关系，社会的非公正和非公平性在一定程度上会得以缓解。

（三）促进发展功能

社会保障制度在产生初期主要发挥稳定与调节功能，发展到现在已明显具备了促进发展的功能，体现在社会、经济等领域。

在社会领域的促进发展功能包括：一是能够促进社会成员之间及其与整个社会的协调发展，使社会生活实现良性循环；二是能够促进遭受特殊事件的社会成员重新认识发展变化中的环境，适应社会生活的发展变化；三是能够促进社会成员物质与精神生活水平的提高，使其努力工作；四是能够促进政府相关社会政策的实施，如教育福利有助于义务教育普及等；五是可以促进社会文明的发展进步。

在经济领域，社会保障通过营造稳定的社会环境促进着经济的发展，同时通过社会保障基金的运营直接促进着某些产业的发展。此外，社会保障对劳动力再生产的保障与劳动力市场的维系，又促进着劳动力资源的高效配置和生产效率的提高。因此，社会保障对市场经济除了维系、润滑作用外，还有促进作用。

（四）互助功能

社会保障资金来源于包括税收、缴费、捐献等多种渠道，又被支付给受保障者和有需要者，这是一种风险分散或共担机制，而风险共担本身即以互助为基石。同时，社会保障中的社会福利与社会服务通常以社区为基础，以社会成员之间互相提供劳务为主要表现形态，体现了互惠互助。

第二节
社会保障的基本构成

中共十九大报告提出,要按照兜底线、织密网、建机制的要求,全面建成覆盖全民、城乡统筹、权责清晰、保障适度、可持续的多层次社会保障体系。

多层次社会保障体系在保障项目上,主要是以社会保险为主体,社会救济保底层,积极完善社会福利、优抚安置等制度;在组织方式上,主要是以政府为主体,积极发挥市场作用,促进社会保险与补充保险、商业保险相衔接。这里,我们主要介绍社会保障的主要保障项目构成(如图1-1所示)。

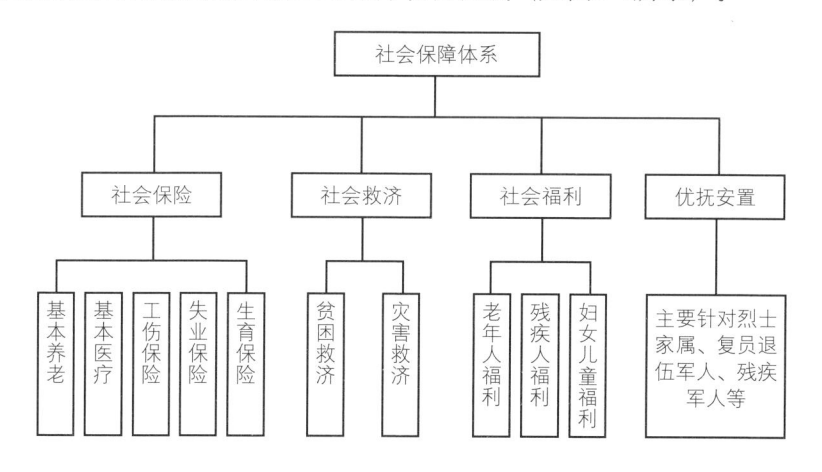

图1-1 社会保障体系的基本构成

一、社会保险

(一) 社会保险的含义和主要作用

社会保险是国家立法强制实施的，当有工资收入的劳动者在暂时或永久丧失劳动能力，或虽有劳动能力却因失去工作丧失生活来源时，给予一定程度的损失补偿或提供收入以保证其基本生活的一种社会保障制度。社会保险本质上是一种风险分散制度。社会保险包括的风险主要有因年老、疾病、工伤、残疾、生育、死亡、失业等风险引起的经济损失、收入中断或减少等。

社会保险是社会保障制度中的核心部分，对社会经济生活影响的广度和深度超过其他制度，主要表现在：

1. 社会保险的社会作用

社会风险酿成的后果一般远远超出个人及其家庭的抵抗能力与储备，因此，社会保险通过在社会层面建立风险保障机制，化解社会风险，构筑了一个社会安全网；利用企业、个人缴费以及财政支持所积累的社会保险基金，向劳动者提供各种形式的帮助，防止劳动者因各种社会性风险而陷入贫困。同时，通过法律强制和再分配机制，实现社会成员之间的转移支付，降低收入差别的程度，缩小贫富差距，修正市场失灵。

2. 社会保险对家庭与个人的作用

社会保险对个人和家庭而言，首要的作用是保障其基本生活的稳定。劳动者的个体风险在很大程度上代表一个家庭的风险，劳动者陷入困境会让一个靠其支撑的家庭同时陷入困境。个人风险转化为社会风险后，家庭与个人生活的稳定就不再是单个的问题，而会扩展为整个社会需要共同面对的社会问题。社会保险通过国家的强制行为，以立法的形式进行国民收入的再次分配，使每个社会成员都能分享到国家发展所带来的成果，对一些暂时或永久丧失劳动能力的劳动者给予制度上的保障，帮助其渡过难关，进而稳定其家庭及个人的生活。免除劳动者的后顾之忧，不仅是经济发展和社会稳定的需要，更是国家和政府义不容辞的责任。

同时，社会保险对劳动者及其家庭基本生活需求的保障，不仅维护了社会公平，也维护了个人和家庭的生存尊严。

（二）社会保险的基本构成

1. 基本养老保险

基本养老保险是国家根据一定的法律和法规，为解决劳动者在达到国家规定的解除劳动义务的劳动年龄界限，或因年老丧失劳动能力退出劳动岗位后的基本生活而建立的一种社会保险制度。基本养老保险的目的是保障老年人的基本生活需求，为其提供稳定可靠的生活来源。

我国的基本养老保险实行社会统筹与个人账户相结合的筹资机制。基本养老保险基金由用人单位和个人缴费及政府补贴等组成。基本养老金由统筹养老金和个人账户养老金组成。基本养老金根据个人累计缴费年限、缴费工资、当地职工平均工资、个人账户金额、城镇人口平均预期寿命等因素确定。

目前，我国的基本养老保险体系由企业职工基本养老保险、城乡居民基本养老保险制度共同构成。其中，企业职工基本养老保险的覆盖人群主要是企业职工，并涵盖"无雇工的个体工商户、未在用人单位参加基本养老保险的非全日制从业人员以及其他灵活就业人员"。城乡居民基本养老保险则是根据《国务院关于建立统一的城乡居民基本养老保险制度的意见》（国发〔2014〕8号），在合并新型农村社会养老保险和城镇居民社会养老保险的基础上建立的，涵盖年满16周岁（不含在校学生），非国家机关和事业单位工作人员及不属于职工基本养老保险制度覆盖范围的城乡居民。

2. 基本医疗保险

基本医疗保险制度是社会保障体系的重要组成部分，是由政府制定、用人单位和职工共同参加的一种社会保险制度。目前，我国的基本医疗保险体系由城镇职工基本医疗保险、城乡居民基本医疗保险和城乡居民大病医疗保险共同构成。

其中，城镇职工基本医疗保险的参保对象主要是城镇职工，并涵盖了无雇工的个体工商户、未在用人单位参加城镇职工基本医疗保险的非全日制从业人员以及其他灵活就业人员。

城乡居民基本医疗保险则是根据《国务院关于整合城乡居民基本医疗保险制度的意见》（国发〔2016〕3号），在整合城镇居民基本医疗保险和新型农村合作医疗两项制度的基础上形成的统一的城乡居民基本医疗保险制度，覆盖范围包括现有城镇居民医保和新农合所有应参保（合）人员，即覆盖除职工基本医疗保险应参保人员以外的其他所有城乡居民。

城乡居民大病医疗保险简称大病保险，是在基本医疗保险的基础上对城乡居民因患大病发生的高额医疗费用给予报销的政策，是基本医疗保障制度的拓展、延伸和有益补充。其主要目的就是减轻人民群众大病医疗费用负担，解决因病致贫、因病返贫问题。

3. 工伤保险

工伤也称职业伤害，指劳动者在生产劳动的过程中所发生的或与之相关的人身伤害，包括事故伤残和职业病及因这两种情况所造成的死亡。

工伤保险也称职业伤害保险，是指国家和社会对于在生产、工作中遭受意外事故和职业病伤害的劳动者提供医疗服务、生活保障、经济补偿、医疗和职业康复，为因上述两种情况导致死亡职工的家属提供遗属抚恤等物质帮助的一种社会保险制度。

工伤保险主要解决的是用人单位的工伤风险。职工因工作原因受到事故伤害或者患职业病，且经工伤认定的，享受工伤保险待遇；其中，经劳动能力鉴定丧失劳动能力的，享受伤残待遇。

根据我国《工伤保险条例》，中华人民共和国境内的企业、事业单位、社会团体、民办非企业单位、基金会、律师事务所、会计师事务所等组织和有雇工的个体工商户等用人单位作为"参保人"参加工伤保险，为本单位全部职工或者雇工缴纳工伤保险费，以保障因工作遭受事故伤害或者患职业病的职工获得医疗救治和经济补偿，促进工伤预防和职业康复，分散用人单位的工伤风险。

4. 失业保险

失业保险是指国家通过立法形式集中建立保险基金，对因失业而中断生活来源的劳动者在一定时期内提供基本生活保障和就业培训等以帮助其尽快就业的一种社会保险制度。

根据我国《失业保险条例》，城镇企业事业单位为其职工参保失业保险。失业保险采取的也是社会统筹的筹资模式，不同于工伤保险。失业保险费需要由用人单位和职工按照国家规定共同缴纳。

根据我国《社会保险法》，可以从失业保险基金中支付的费用包括：一是失业保险金；二是失业人员应当缴纳的基本医疗保险费；三是失业人员在领取失业保险金期间死亡的，向其遗属发放的一次性丧葬补助金和抚恤金。其中，领取失业保险金的期限最长为二十四个月。失业保险金的标准，由省、自治区、直辖市人民政府确定，不得低于城市居民最低生活保障标准。

5. 生育保险

生育保险是通过国家立法规定，在劳动者因生育子女而导致劳动力暂时中断时，由国家和社会及时给予物质帮助的一项社会保险制度。与用人单位建立了劳动关系的职工，包括男职工，都属于生育保险的保障范围。

根据我国《生育保险办法》，中华人民共和国境内的国家机关、企业、事业单位、有雇工的个体经济组织以及其他社会组织等用人单位需要为其职工参加生育保险。用人单位已经缴纳生育保险费的，其职工享受生育保险待遇；职工未就业配偶按照国家规定享受生育医疗费用待遇。所需资金从生育保险基金中支付。

生育保险待遇包括生育医疗费用和生育津贴。其中，生育医疗费用包括生育的医疗费用、计划生育的医疗费用、法律法规规定的其他项目费用；生育津贴包括女职工生育享受产假、享受计划生育手术休假、法律法规规定的其他情形。

二、社会救济

（一）社会救济的基本概念

社会救济也称社会救助，是指通过立法由政府和社会对因自然灾害或其他原因而无法维持最低生活水平的无收入和低收入的个人或家庭实行补偿的一种社会保障制度。

社会救济是最早产生的社会保障形式，随着社会、经济、文化以及政治等要素的发展，社会救济的内涵和外延也在不断变化。从历史上的慈善活动到早期的社会救济，都是临时应急措施，功能也较单一。但现代社会救济制度是社会保障制度的有机组成部分和基本手段之一，是社会进步和社会文明的重要标志，具备缓解贫困问题、维护社会稳定等功能。

一方面，缓解贫困问题是社会救济最基本和最直接的功能。社会救济通过及时地对处于贫困线之下或者最低生活标准之下的贫困群体实施救助，帮助他们解决基本的生活问题，使他们不致因此而危及生存，直接保障了贫困群体的生存条件。这种功能直接体现在对遭遇灾害、急难而难以维持生活的群体实施救助以帮助他们应对突发的急难事件，也体现在改善贫困人口的生存状况上，即社会救济可以让每一个贫困人口维持其最低生活水准，或使他们接受医疗救助以恢复健康，或使他们有条件接受教育和学习劳动技能，或者扶助贫困群体自力更生，成为社会的建设力量。

另一方面，社会救济推动着社会公平和社会文明进步。在人类社会发展进程中，无论是发达国家还是发展中国家，无论是在过去还是在现在，对弱势群体的关注与援助都是人道主义与人文关怀精神的体现，是社会文明进步的象征。现代社会救济在面对社会发展进程中的社会分化和贫富冲突时，通过运用政府的公共权力与公共资源对收入分配进行适度调整，依法对低收入阶层（贫困人口与不幸者）生存权利的维护，恰恰体现了社会公平与正义的价值追求，它能够在一定程度上消除市场经济条件下效率对公平的排斥，减轻低收入与无收入的社会成员的生活困难，从而起到协调社会关系、稳定社会和促进社会文明进步的作用。同时，社会救济还为劳动力再生产提供着相应的条件。在现代经济生活中，社会再生产呈现周期性的运行特征，这种周期性运行特征要求暂时处于失业状态的劳动者作为劳动力后备军进行正常的再生产，社会救济在劳动者失业保险期后仍处于失业状态、没有收入的情况下为其提供最低生活保障，为劳动力的正常再生产创造了必要的条件。

作为一种收入再分配制度，社会救济还是国家宏观调控的工具。社会救济水平的高低会对社会需求的总量和结构产生影响，成为国家调节社会需要进而调节经济运行的重要手段。因此，在现代社会，社会救济在保障社会成员最低生活需求的同时，也会部分地实现国家对生产、分配、交换与消费等的有效调节，进而对经济运行起到"自动稳定器"的作用。在这一方面具体表现为：当社会需求不足、经济衰退时，就业岗位减少，失业人口增加，低收入阶层人口会扩大，享受社会救济的人口也会自动增加，政府的社会救济金支出随之增加，进而使社会需求通过社会救济支出的增加而保持一定规模，缓和社会供求之间的矛盾，推动经济增长；反之，在社会需求膨胀，供给相对不足，经济发展过热的情况下，就业岗位会增加，失业人口随之会自动减少，从而客观上起到收缩社会需求、稳定经济发展速度的作用。

社会救济是保障社会安全的"最后一道防线"，因为社会救济的对象是社会保险这道安全网保护不了的人群——无收入和低收入的人。社会保险是需要缴费的，而无收入和低收入的人是没有能力缴费的，所以社会救济是社会保障体系的必要组成部分，在贫困现象比较普遍的社会中，发挥其扶贫济困的功能尤为必要，对社会安全和人的生存起到兜底线的作用。

（二）社会救济的基本内容

社会救济的目标是维持最低生活需要，给付标准一般低于社会保险；经费来源主要是政府财政税收拨付或特别税捐、社会团体或个人捐赠。享受救济时，一般由个人提出申请，有关机构进行调查，确定救助标准，按期或者一次给付救济金。

1. 社会救济的对象

（1）无劳动能力、无人赡养、完全没有生活来源的人，主要是孤儿、孤寡老人、领社会保险补贴仍不能维持最低生活的人。

（2）有劳动能力，也有收入，但因意外灾害降临，遭受重大财产损失、人身损伤，一时生活困难的人。这类灾害包括自然灾害和社会灾祸。自然灾害有旱灾、台风、雹灾、森林火灾、泥石流、地震、火山喷发、虫灾等。社会灾祸则是生产和生活中对人身造成严重伤害的突发事件，如车祸、矿难等。

（3）有收入来源，但生活水平低于国家法定最低标准的个人和家庭。包括工资收入过低，不能使每个家庭成员达到法定最低生活标准的；有失业津贴的失业者，在享受津贴期满后仍未找到工作的；有退休养老金的老人，因要供养配偶和未成年子女或是因为长期患病而入不敷出的。不少残疾人也属这类救助对象。

社会救济对象按具体的人口群体划分，又可分为儿童（确切地说，是未成年人）、老人、残疾人、失业者、病人、患难者、不幸者等。其中儿童又分为一般儿童；特殊儿童，如残疾儿；不幸儿童，如孤儿等。

社会救济对象还可按地区划分。贫困地区，即人均收入低于最低生活水平的地区，往往被列为救济的地区。我国在20世纪80年代规定，凡年人均纯收入不到200元的农村地区均为贫困地区，国家给予救济。2017年，这一扶贫标准提高到3300元。

2. 社会救济的类别

社会救济可以归结为两大类：一是贫困救济。贫困救济是指对上述那些由于多种原因生存遭到威胁、生活发生困难的人给予的救济，主要是解救贫困，保障他们享有最低生活水平。二是灾害救济。灾害救济是指对因为受到洪水、火灾、地震、台风、火山爆发等自然灾害的侵袭而失去生活保障的人员的救济，也包括对遭受战争之苦的地区和人民的救济。灾害救济不仅解救生活上的贫困，还包括生命救助以及灾后重建等。

从国际上看，战争和难民救济在灾害救济工作中占有很大的比重。例如，第二次世界大战期间死亡上千万人、上亿人无家可归，联合国为此专门成立了难民救济总署等国际救援组织。现阶段，世界性移民、难民安置仍是社会救济的一项重要工作。

国际救济、救灾工作的另一种形式是成立国际救援组织，组织大量志愿人员参加各种灾害救助。国际红十字会就是世界性的国际救援组织，在不同国家提供各种紧急的灾害救济。例如，2004年印度尼西亚的海啸、2008年我国四川省汶川地震，许多国家都派有救援人员。

三、社会福利

(一) 社会福利的基本概念

社会福利有广义和狭义之分。广义的社会福利包括国家和社会举办的文化、教育事业，城市居民和职工的住房、医疗，城市和农村社区或企事业单位举办的各类公益事业。狭义的社会福利仅指由国家出资兴办的、以低费或免费形式向一部分需要特殊照顾的社会成员提供物质帮助或服务的一种社会保障制度。我国一直使用狭义的定义。

不难看出，社会福利的特点是它不仅保障社会成员的最低生活需要，而且保证社会成员在现有生产力发展水平下能够过上正常的生活。它不仅提供一定的收入补偿，更多的是通过建立公共设施和提供服务为人们提供生活方便，解除后顾之忧，使生活得到改善；它不仅对物质生活需要给予保障，还对精神、文化方面的需要给予保障；它不仅保障个人目前的生活需要，还保障其赡养老人、培育后代的需要。总之，社会福利不仅保障个人和整个社会的生存需要，还在一定程度上保证个人和社会有发展的可能。所以，社会福利是社会保障的最高层次。

(二) 社会福利的基本内容

在不同的国家，社会福利的内容不尽相同；在同一个国家的不同时期、不同发展阶段，社会福利所包括的内容也可能不相同。一般来说，按照社会福利的保障对象，可以将社会福利的内容分为老年人福利、残疾人福利、妇女儿童福利等。

1. 老年人福利

所谓老年人福利，是指国家和社会为了保障老年人生活、维护老年人健康、充实老年人精神文化生活而采取的政策措施和提供的设施、服务。老年人福利是基本养老保险的延续和提高，即在解决老年人基本物质生活需要的基础上，进一步满足老年人物质文化生活的需要，努力实现"老有所养、老有所依、老有所为、老有所乐"的社会目标。

从老年人的生活保障出发，老年人的福利需求可以归纳为经济保障需求、健康保障需求、情感保障需求、服务保障需求及其他，这些需求需要通过相应的老年人福利制度给予满足。随着我国老龄化进程的加快，面向老年人的福利事业也得到一定程度的发展。

1996年8月，中共第八届全国人民代表大会常务委员会第21次会议通过的《老年人权益保障法》，对老年人福利问题做了一些原则性规定。此后，政府制定了一些促进老年人福利事业发展的政策。目前，我国老年人福利的主要内容大致有以下三类。

一是物质生活福利。这是老年人福利事业的主要内容。在这一方面，尽管各地不一，但大体表现为建立福利院、老年公寓、敬老院等，收养没有生活保障的老年人，并扩大到对社会一般老年人的收养安置，为老年人解决生活照料、医疗保障服务以及精神上的孤独问题。

二是医疗保健服务。在这一方面，城镇享受退休待遇的老年人通常继续享受原有的医疗保障待遇，其他老年人的医疗保健问题，许多地方正在尝试相应办法，如某些地方由所在单位或社区组织老年人开展定期体检，大多数医院都有老年人挂号、看病、取药"三优先"公约等。

三是其他服务。主要是指为了满足老年人的精神文化需求的服务。在城市，政府重视支持社区建立专门的老年人休闲娱乐活动场所，如老年人活动站、老年活动中心等，为老年人提供文化、教育、娱乐、体育活动设施，对老年人提供优惠服务，还建立"老年人婚姻介绍所""老年人再就业介绍所""家政服务站"等。由于我国城乡发展长期受到二元结构的影响，加之城乡差距的客观存在，农村的老年人福利主要是侧重于社会救助性质的农村"五保"制度，国家真正意义上的乡村老年人福利事业并未得到很好的发展。

2. 残疾人福利

残疾人福利是指国家和社会对残疾的公民在年老、疾病、缺乏劳动能力及退休、失学、失业等情况下提供基本的物质帮助，并根据社会的经济、文化发展水平，给予残疾人相应的康复、医疗、教育、劳动就业、文化生活、社会环境等方面的权益保障，实现残疾人"平等、参与、共享"的目标。残疾人福利按领域来划分，一般包括残疾人生活保障、残疾预防、残疾人康复、残疾人教育、残疾人文化和社会环境；按提供的方式来划分，通常包括残疾人福利制度和残疾人福利服务，前者包括残疾人社会福利行政和残疾人福利立法，后者包括残疾人社会福利设施、残疾人社会福利服务或残疾人社会工作。具体而言，残疾人福利事业包括残疾预防、残疾人康复、残疾人教育、残疾人就业、残疾人文化体育、无障碍环境等。

改革开放以来，1991年全国人大常委会制定了《残疾人保障法》，使残疾人福利事业得到较好的发展。我国的《教育法》《义务教育法》《高等教育法》《职业教育法》当中都有残疾人教育的相关内容，1994年国务院颁布的《残疾人教育条例》更是专门保障残疾人教育权利的法规。我国的残疾人文化体育和无障碍设施建设也都取得了一定成绩。2008年7月1日《残疾人保障法》正式施行，残疾人生活状况明显改善，生活水平和质量不断提高。修订后的《残疾人保障法》与修订前相比，更加注重残疾人的权利实现，体现了以"平等、参与、共享"为核心的现代文明社会理念，成为建设和谐社会大背景下的残疾人权利宣言。

3. 妇女儿童福利

妇女儿童福利是妇女福利和儿童福利的合称，是国家和社会为满足妇女、未成年人的特殊需要和维护其特殊利益而提供的照顾和福利服务。妇女儿童福利项目是根据妇女、未成年人的生理和心理特点以及可能受到的歧视和侵害而设立的，对保障和满足妇女、未成年人的特殊利益需要，促进整个社会的和谐发展，均具有重要的意义。

（1）妇女福利。一般来说，妇女福利主要包括以下三个方面内容。

一是特殊津贴与照顾。这部分主要是确保妇女劳动者在产前、产后使其本人及婴儿得到支持和照顾，如面向女性劳动者的生育保险制度和围绕妇女生育而提供的综合性特殊福利津贴。

二是妇女劳保福利。政府要求雇用单位提供对妇女在劳动过程中相应的保护措施并严格执行，女职工劳动保护主要是针对保障妇女合法权益，照顾妇女身心特殊需要的重要方面，也是保护社会生产力、保护妇女及下一代身体健康所采取的必要措施。

三是福利设施与福利服务。内容包括为妇女提供妇幼保健院、妇产医院；为女性服务的妇女活动中心、咨询服务中心、健美中心、妇女用品专用店等。

(2) 儿童福利。主要是面向未满18周岁的未成年人提供的各种福利，主要包括以下四个方面。

一是儿童医疗保健设施和服务。例如，对儿童实行预防接种制度，积极防治儿童常见病、多发病，提供必要的卫生保健条件，做好预防疾病工作。兴办专为儿童医疗保健服务的儿童医院，或者在全科医院中设立儿科，开展儿童保健工作，定期进行儿童健康检查、预防接种，防治常见病、多发病，使儿童健康成长。上述项目一般由国家财政提供专门拨款，用以补贴。

二是儿童的活动场所和条件。国家和社会建立和完善适合未成年人文化生活需要的场所和设施，同时鼓励社会团体、企事业单位和其他社会组织、公民个人参与未成年人福利事业。在具体内容方面，主要是建立和普及托儿所、幼儿园，为婴幼儿提供良好的活动、生活条件和保育服务；建立儿童活动中心、少年之家、少年宫、少年活动站以及儿童公园、儿童乐园等儿童活动、学习场所等。

三是普及义务教育。普及义务教育用以保障每位学龄儿童享有受到教育的机会，对接受义务教育的儿童免收学费，对家庭经济困难的学生酌情减免学杂费，对贫困家庭的儿童给予教育补贴等。

四是孤残儿童福利事业。对于孤残儿童，国家和社会建立相应的福利机构集中收养，或者在财政补贴下通过家庭领养、代养、收养的方式提供保障。例如，儿童福利院是政府部门在城市举办的以孤儿为主要收养对象的社会福利事业单位，其主要任务是收养城市中无家可归、无生活来源、无法定义务抚养人的孤儿和收养自费的家庭无力看管的残疾儿童。为减轻残疾儿童的残障程度、恢复其自理生活和从事劳动的能力，建立残疾儿童康复中心，专门为残疾儿童提供门诊和家庭咨询，开展各种功能训练和医疗、教育、职业培训。

四、优抚安置

优抚安置是由国家或政府对从事特殊工作者及其家属（如军人及其亲属）予以优待、抚恤、安置的一项社会保障制度。在我国，优抚安置的对象主要是烈士军属、复员退伍军人、残疾军人及其家属；优抚安置的内容主要包括提供抚恤金、优待金、补助金，举办军人疗养院、光荣院，安置复员退伍军人等。

优抚安置在社会保障项目中占据突出的地位，是国家优先安排的保障项目，具有其他社会保障所不同的特点。

一是保障对象是一个特殊的群体。优抚安置以军人及其家属为保障对象，国家法规、政策对此有明确的、具体的规定，从而具有严格的身份限制。

二是保障范围具有全面、综合的特点。社会优抚安置不是社会保障制度的某一个方面，而是作为整体的综合项目被包容在国家社会保障制度中。也就是说，优抚安置不像社会保险、社会福利、社会救助那样，仅是承担社会保障的某一个方面的任务，而是社会保险、社会福利、社会救助等制度的综合，从而可以肩负起对军人的全面保障责任。

三是保障措施的实施更具规范性。由于优抚安置制度有国家制定的专门法律法规明确其保障对象、保障范围、保障手段、保障标准、保障形式、管理体制等，规章制度相当健全，因而在具体实施中属于依法办事。与我国现行社会福利和社会救助乃至社会保险相比较，社会优抚安置制度在实施中显然更具规范性。

四是保障待遇优厚。相对于其他保障对象而言，优抚安置对象对国家和社会的贡献和牺牲要大，因此，其保障水平和标准要普遍高于其他社会保障项目的水平和标准，这体现了国家对军人这类社会保障对象的重视和优待。

第三节
社会保障相关关系

在社会保障项目中，优抚安置是比较特殊的项目。这里，我们主要通过比较社会保险和社会救济、社会福利，以及商业保险，进一步认识社会保障。

一、社会保险和社会救济、社会福利

（一）社会保险与社会救济的区别

在社会保障中，社会保险与社会救济都为社会成员提供经济保障，但两者之间存在本质的区别。

1. 对象与功能不同

简单来讲，社会保险的主要对象是劳动者，即生产人口，他们在平时能维持个人及家庭的正常生活。建立社会保险制度，强制缴纳保险费，是为了让劳动者在遭受风险事故时能够得到维持基本生活的收入补偿，因此社会保险的功能主要在于防范社会风险。而社会救济的对象是老弱病残、无力自谋生活的社会成员，或者有工作能力但因遭受意外事故而使正常收入中断，无法维持最低生活的社会成员，也就是消费人口，因此社会救济的功能在于"济贫"。

2. 保障基金的来源与给付方式不同

社会保险基金主要来源于个人和企业(雇主)，政府也给予必要的补助，从经费来源的劳动属性来看既有必要劳动，也有部分剩余劳动；社会救济基金主要来源于政府财政拨款和社会捐款，从劳动属性来看完全是剩余劳动。社会保险的给付是依据有关的法律规定的条件、标准执行的，不需要经过资产调查，即它以个人基本生活需要为前提，满足平均的需要；而社会救济须经过严格的资产调查程序，证明申请人的收入及财产不足以维持最低生活时才能进行给付，即它以个人的需要为前提，满足个人的需要。

3. 权利与义务关系不同

社会保险强调权利与义务对等的原则，社会保险参加者必须履行缴纳保险费的义务，才有领取社会保险金的权利。社会救济不强调权利与义务的对等关系，只强调国家和社会对个人的责任和义务，因此，受惠者有受惠的权利而无须履行缴费的义务。

4. 保障水平与给付标准不同

社会保险的给付标准一般根据参加者原有的收入水平、缴费额的大小及国家的财政实力而定，保障参加者的基本生活需要。社会救济则不同，保障的是陷入生活困境的社会成员的最低生活标准，主要依据的是国家规定的最低生活水平线(贫困线)，而不会考虑受惠人以前的收入水平。

5. 保障期限不同

社会保险的各项给付一般都规定有领取期间，在领取期间仍不能克服风险者，则改领社会救济。社会救济则不同，只要生活水平在贫困线以下，就可以无限期领受。可见，社会救济应作为社会保险的辅助而存在。

6. 保障行为的性质不同

在社会保险关系中，法定范围内的风险发生后，有关机构会按照有关的法律规定自动履行保险给付义务，受领者的人格和心理不会受到损害。社会救济则不同，在公民陷入困境后，需要经个人申请、资产调查、上级批准等法定工作程序，并且即使某人符合领取救济的条件，只要不提出申请，就做自动放弃救济处理；同时，进行资产调查在人们看来有损形象和身份，所以有些人会主动放弃救济。因此，社会救济在对付风险上有被动性的特点。

（二）社会保险与社会福利的区别

社会保险与社会福利都是社会保障制度的有机组成部分，同时也是国家社会政策的重要组成部分，对保障公民的基本生活水平、提高生活质量起着十分重要的作用。二者在许多方面显示出共性，但也有本质的区别。

1. 保障对象不同

社会保险的对象是有固定职业和正常收入的薪资阶层和其他劳动者，也就是生产人口；而社会福利则以全体公民为保障对象。

2. 保障基金的来源不同

社会保险基金主要来源于被保险人和企业(雇主)的缴费；而社会福利基金则主要来源于国家和社会，单位、社区和个人不需要缴费。

3. 权利与义务的关系不同

社会保险基金的分配重视权利与义务对等原则，被保险人必须履行缴纳保险费的义务；而社会福利则不考虑受惠者对社会福利事业的贡献大小，强调人人有份，平均分配。

4. 保障的标准不同

社会保险以保障公民的基本生活为目的，满足公民的基本生活需要；而社会福利则以提高公民的生活质量为主要目的，满足公民较高层次的发展和享受的需要。

5. 保障的手段不同

社会保险以提供保险津贴为主，相关服务为辅；社会福利则以提供各种服务及服务设施为主，货币给付为辅。

6. 运作主体不同

社会保险的运作主体一般是政府的有关专门机构；而社会福利的运作主体不仅有国家，还有基层社区组织、基层单位和各行业主管机构等。

综上，社会保险、社会救济、社会福利共同构成社会保障制度的主体，这三种社会保障项目既有共性也有区别。我们通过表1-1对社会保险、社会救济和社会福利进行综合比较。

表1-1　　社会保险、社会救济和社会福利的综合比较

项目	社会保险	社会救济	社会福利
保障对象	薪资阶层和其他劳动者	生活在贫困线下的公民	全体公民
基金来源	个人和企业（雇主）缴纳为主，政府补助为辅	政府财政拨款和社会捐款，个人不缴费	财政拨款、企业利润分成、社会自筹、社区募捐，个人不缴费
保障水平	基本生活水平	最低生活水平	提高生活质量
给付标准	被保险人原有收入水平、缴费额大小	根据资产调查情况给付	以平均分配为主
保障手段	提供保险津贴为主，相关服务为辅	资金、物资并重	以提供服务及服务设施为主，货币给付为辅
经办主体	政府专门机构	政府有关部门、社会团体	政府、基层社区组织、基层单位、各行业主管

二、社会保险和商业保险

（一）社会保险与商业保险的共性

社会保险与商业保险都是"保险"，都是运用大数法则以有效处理风险的风险管理机制，即"集聚众多人的经济力量，分担个别风险事件的损失"，对遭遇风险产生损失的劳动者提供安全的保障，以确保人民生活安定和社会生产能继续进行。

社会保险与商业保险运用的都是风险转移技术，按照"一人为众、众人为一"的风险处理技术，为偶然性的风险损失提供保障。商业保险处理的都是偶然性的损失，社会保险所面临的同样是偶然性的损失。如永久性残废而使劳动者陷入经济困境之中、家长的早逝使家庭失去经济保障、劳动者失业给本人及家庭带来的经济困难等。

社会保险与商业保险都需要有充足的保障基金作为制度正常运转的物质基础。商业保险主要通过客户交纳的保险费的积累；社会保险则是由政府、企业、个人多方负担，并由政府"兜底线"的方式承担社会保险基金的积累。

社会保险与商业保险都主要以货币补偿方式对保障对象的损失进行补偿。

商业保险是通过赔偿被保险人的损失，为被保险人提供经济保障。社会保险同样如此。退休津贴是部分地赔偿被保险人退休时所得收入的损失，遗属津贴是向家庭成员赔偿家长早逝所带来的收入损失，生育津贴是赔偿妇女由于生育子女所带来的收入损失。

（二）社会保险和商业保险的区别

1. 性质不同

社会保险是基于公共利益建立起来的社会保障制度，它由法律强调规范，属于公共政策与公共品范畴；而商业保险是基于经济利益建立起来的合同关系，属于私人经济范畴。

2. 运作目标和运作主体不同

社会保险的目标是解除劳动者的后顾之忧，调节社会关系，增进社会安定，促进社会和谐；商业保险的目标则是利润最大化。从世界各国实践情况看，社会保险的运作主体一般是政府机构或者公营机构，不以营利为目的，其职能不但要保障社会成员的基本生活，而且要实现维护社会稳定的社会目标，实现全社会的和谐发展与共同发展；而商业保险的经营主体则是以营利为目的、追求利润最大化的商业保险公司。

3. 被保障对象和保障水平不同

商业保险的被保障对象是那些年龄和健康状况符合可保标准、与保险人签订保险合同并按合同约定交纳保险费的人。在符合国家法律规范的条件下，保险人与被保险人是否签订、签订何种保险合同是由保险双方在自愿的基础上协商确定并共同遵守的。一个投保人可以同时向多家保险公司投保，购买不同的保险产品；且商业保险只为有支付能力的社会成员提供经济保障，满足被保险人较高层次的保障需求。

社会保险的被保障对象范围涵盖所有社会成员，不但包括不同所有制企事业单位的工薪劳动者，而且还进一步扩展到自由职业者、灵活就业人员、农民等全体劳动者，凡法律规定有权利和义务享受社会保险的人，都是社会保险的被保障对象。在社会保险中，公民个人没有选择投保与否的自由，也没有选择投保额度高低的自由,只要符合条件就必须参加统一的社会保险,满足的是社会成员较低水平的基本的生活保障需求。

4. 保险责任主体和所有者权益不同

在商业保险中,当事人是平等协商的市场主体,保险合同双方须是具有完全行为能力的法人或自然人,他们对各自的行为负完全责任,投保人依合同规定履行交纳保险费的义务,保险人依保险合同承担规定的保障责任,当投保人以购买保险产品的方式将自身风险转嫁给保险人之后,保险人即成为风险保障的责任主体,对自己的经营行为负全部责任,承担保险经营中的风险损失并拥有经营收益权。

社会保险的责任主体是社会公共事务的管理者——政府机构,但是政府机构常以经办者和管理者的双重身份出现,国家财政往往充当担保人或直接责任人的角色,而社会保险经办机构没有对基金收益的所有权和支配权以及对亏损的补偿责任,经办过程中也常常牵涉多个部门,责任和权益并不十分清晰。

5. 经营方式和管理体制不同

商业保险作为一种市场交易活动,是保险人和投保人之间等价交换的结果,受价值规律、竞争规律等市场经济规律的制约。保险公司通过严格的核保、核赔以及其他风险管理措施,选择符合自身成本效益原则的风险单位承保,与被保险人签订保险合同,对双方都具有法律约束力和强制性。商业保险的监管者通常是政府金融监管部门,负责在法规框架下的保险经营主体的审批、有关政策的制定、宏观调控等。

与商业保险不同,社会保险由政府部门或政府指定的专门机构经办,这些部门不但是社会保险的经办主体,还承担着社会保险的管理和其他相关政府活动的责任,如劳动安全检查、就业辅导与职业介绍等。

6. 运行机制和运行环境不同

一方面,在市场经济环境下,商业保险各方是独立的经济主体,其商业决策、经营目标均由自身独立决定,具有参与市场活动的自主性,经营决策的调整更具灵活性;而社会保险作为国家的一项公共政策,是与国家整个经济社会政策协调运行的,强调的是社会目标,受社会公共目标的制约。

另一方面，商业保险人通过向投保人收取保险费建立保险基金，承担着在将来某一时间对被保险人进行偿付的责任，是市场化的运作方式；而社会保险筹资方式来自多方负担，有来自企业和个人缴纳的保险费，还有来自中央或地方的财政拨款，有明显的社会化特点。

此外，商业保险遵循权利和义务对等的原则，体现精算公平，奉行多保多付、少保少付、不保不付的原则；社会保险虽然也强调权利与义务相结合，但主要体现社会公平，具有经济福利性，被保障对象的受益条件有严格的限制，且受益权不能随意转让。

（三）社会保险与商业保险的共同发展

社会保险与商业保险的替代性和互补性问题一直是理论界所讨论的课题。我们认为，由于人们保障需求的多层次性和多样性，依靠单纯的社会保险或单纯的商业保险往往难以满足其风险保障需要，所以，作为社会经济保障体系的组成部分，社会保险与商业保险需要共同发展，以满足人们不同层次的风险保障需求。

一方面，社会保险的强制性和普遍性不仅可以增强人们的风险和保险意识，而且为商业保险的风险评估提供了基准和数据支持，有利于商业保险的稳定发展。

另一方面，基于社会保险的强制性，个体对于商业保险的选择总是在社会保险的基础之上进行的，社会保险保障基本的生活需要，商业保险可以满足人们较高层次的和特殊的保障需求。

另外，社会保险和商业保险的相通性也使两者可以相互渗透，取长补短。例如，由于商业保险客观上具有一定的社会公益性和公共性，因此政府可以通过政策调节，使保险公司在实现经营目标的同时，兼顾社会效益，促进社会稳定。而社会保险的一些项目则可以利用商业保险的运用模式，保证运营效率，促进自身机制和体制的完善。

本章思考题

- 什么是社会保障?
- 社会保障的特征有哪些?
- 简述社会保障的基本原则。
- 简述我国社会保障体系的基本构成及相互关系。

第二章　医疗保障体系

医疗保障体系是社会保障体系的重要组成部分。依据《"健康中国2030"规划纲要》，医疗保障体系是指以基本医疗保障为主体、其他多种形式补充保险和商业健康保险为补充的多层次、全民医疗保障体系。这里，我们从不同的医疗保障模式入手，分析我国的多层次、全民医疗保障体系，并着重介绍我国的基本医疗保险制度。

通过本章学习将帮助你

了解医疗保障的典型模式

了解医疗保障基金筹集与支付的主要模式

掌握我国医疗保障体系的基本构成

掌握我国基本医疗保险的政策内容

第一节
医疗保障概述

一、医疗保障的典型模式

对于个人、家庭、企业乃至社会而言，疾病都是一种人们不期望发生的非正常状态或损失，是一种必须面对和解决的风险。各国在解决社会成员所面临的疾病风险方面，有不同的模式选择。根据医疗保障在筹资模式、支付方式、医疗费用分摊方式等方面的差异，可以将各国的医疗保障模式分为：全民医疗服务模式、社会医疗保险模式、商业医疗保险模式和储蓄医疗保险模式四种。

（一）全民医疗服务模式

全民医疗服务模式属于国家预算型医疗保险制度，是指政府直接举办医疗保障事业，通过税收形式筹措医疗保险基金，采取预算拨款形式给医疗机构，向本国居民直接提供免费或低收费医疗服务。典型的是英国的全民医疗服务制度。

根据《贝弗里奇报告》，英国建立了福利型社会保障体系，强调广泛平等地享受医疗服务，实施具有福利性质的全民医疗服务制度，经费主要来源于税收，其余的由人们缴纳的社会保险费、患者自付的医疗费用以及其他收入来弥补。筹资方式采用现收现付式。

政府通过税收筹措卫生保健经费，然后根据各地区的人口数并考虑年龄、性别、健康水平等因素，将资金分配到各个地区，并由各地区的卫生管理部门向卫生机构直接拨款，为全体居民提供免费或价格极为低廉的卫生服务。英国的医疗卫生服务机构分为两大系统：社区卫生保健系统和医院服务系统。社区卫生保健系统提供90%以上的初级医疗服务，只将不到10%的服务转到医院服务系统。但医院仍然是全民医疗服务经费的最大消费机构，每年70%的全民医疗服务经费用于医院服务。

免费或以低价实施的全民医疗服务模式，有利于扩大医疗保健服务面，使人人都享有医疗保健，对广大社会成员是非常有利的。但是全民医疗服务模式也存在着许多问题，其中最主要的问题是政府的财政负担越来越重，市场机制对医疗资源配置、医务价格制定基本不起调节作用，因而限制了医疗服务系统的发展。因此，进入20世纪90年代，实施全民医疗服务模式的国家相继开始进行改革，引入市场机制，激励医疗服务提供者高效率地提供服务。

（二）社会医疗保险模式

现代社会保障制度形成于德国，德国也一直坚持推行强制性的社会保险制度，最早确立了一种强制性的、以社会医疗保险为主、辅之以商业保险的医疗保障模式。这种强制性的社会医疗保险覆盖了德国91%的人口，加之商业保险的补充，德国整个医疗保障体系为其99.8%的人口提供了医疗保障。

在德国的医疗保障体系中，社会医疗保险是由国家通过立法形式强制实施的一种医疗保险制度。在社会医疗保险的管理体制上采取"统一制度、分散管理、鼓励竞争"的模式，也就是说国家也没有统一的医疗保险经办机构，政府的主要作用就是设计制度和制定相关法律，担当中介及进行仲裁，处理各方面的利益矛盾。社会医疗保险由法定、独立、自我管理的社会医疗保险基金组织负责具体经办，并鼓励各基金组织在自主经营、自我管理和自负盈亏的基础上开展竞争。一是允许投保人可以根据自己的意愿自由地选择基金组织。二是鼓励小的、地方性医疗保险基金组织兼并，以发挥规模优势。三是支持以保费的高低作为竞争的主要手段，并以此来评估基金经营的优劣。

社会医疗保险基金组织按照收入的一定比例来筹集医疗保险基金，政府不拨款，银行也不贷款。社会医疗保险基金主要来源于雇主和雇员。法律法规对社会医疗保险的缴费基数规定上下限，低于下限可免除缴费义务，上限以上部分不再征缴。缴费基数的上下限由政府每年加以调整。

社会医疗保险参保人缴纳保费的多少取决于其经济收入，但是享受的医疗保险服务则不以缴纳费用的多少而有所不同，体现了德国社会医疗保险"高收入帮助低收入，富人帮助穷人，团结互助、社会共济、体现公平"的宗旨。社会医疗保险模式中，参保人可以直接获得医疗服务，即社会医疗保险基金组织自办医院或自聘医生；也可以看完病垫付医疗费用后由社会医疗保险基金组织给予补偿。

不过，社会医疗保险模式注重向参保人提供公平、广泛的医疗保健服务，这种服务往往是出于可以得到而不是必需，导致医疗保险费用不断上涨。同时，受到人口负增长和人口老龄化等因素的影响，社会医疗保险基金组织每年可以取得的保险费的增长速度明显低于医疗保险费用支出的增长速度。因此，社会医疗保险模式也需要不断改革以面对严峻的挑战。

（三）商业医疗保险模式

商业医疗保险模式与全民医疗服务模式的理念不同，强调以市场调节为主，即以商业保险为主的一种医疗保障模式。其特点是参保自由，灵活多样，适合多种需求。典型的代表是美国。在西方国家，美国是一个特例，它并没有为其社会成员提供国家医疗保险，而是建立了一种以私营项目为主、公立项目为辅的医疗保障体系。

在美国，获得商业医疗保险保障的途径主要有：商业健康保险、蓝十字和蓝盾计划、雇主自保计划、医疗管理计划。其中，医疗管理计划逐渐成为一种主要的私人健康保险计划。

医疗管理计划也称管理式医疗，是能以一种节省费用的方式为其成员提供保障性服务的计划。在该类计划中，雇员在选择医生和医院时只能从限定的医疗服务提供商中进行选择，医疗服务提供者通过各种风险分摊技术来分散财物后果，强调预防和健康生活方式。最重要的医疗管理计划包括健康维护组织

(HMO) 和优先医疗服务组织 (PPO)。

健康维护组织是一个医疗服务组织系统，向其成员预先收取固定费用，并提供全面的医疗服务。简言之，健康维护组织可以看作保险公司和医疗服务提供商合二为一，向客户或成员收取保费，并直接提供医疗服务。

优先医疗服务组织是另一种重要的医疗服务组织系统。优先医疗服务组织与医疗服务提供商签订合同，然后以折扣价向其成员提供医疗服务。客户或成员不事先预付费用，而是使用医疗服务时支付折后费用。

医疗管理计划是私人健康保险计划，但是又不同于传统的商业保险模式。其最大的特点是将传统的商业医疗保险中的"保险人、投保人（患者）、医院（医疗服务提供商）"三方利益主体，演化为健康维护组织与成员、优先医疗服务组织与医疗服务提供商两方，进而成就其最大优点，即成本控制。

不过，批评者却认为医疗管理计划过分强调成本控制而忽视了医疗服务质量。

另外，医疗管理计划并不能涵盖所有社会成员，特别是未投保者、穷人、某些孕妇、乡村居民以及老年人和各类特殊群体等在获得高质量的医疗服务方面存在很大困难。因而，美国也在谋求美国医疗保健体系改革，希望建立"全民医保体系"。

（四）储蓄医疗保险模式

储蓄医疗保险模式也称为个人积累制医疗保险，实质上是一种强制性储蓄的形式，是指依据法律法规，强制性地要求雇员和雇主以个人或家庭为单位建立医疗储蓄基金，通过纵向不断逐步积累，用以支付家庭成员因患病可能需要的医疗费用支出的医疗保障制度。这种模式起源于18世纪英国产业革命的"职业保障基金"，以后逐渐传播到英殖民地国家，典型的代表是新加坡的储蓄医疗保险制度。

储蓄医疗保险制度也可以称为个人和家庭积累制，其筹资方式是强制储蓄，即依据法律法规强制性要求个人或家庭建立储蓄医疗保险基金，而该基金仅限于家庭成员之间的代际转移。

储蓄医疗保险制度强调以个人责任为主,不体现社会成员之间的互助共济,个人储蓄医疗保险基金只用于个人和家庭成员的医疗消费,参加储蓄医疗保险者可以自由选择医院就医,并根据自己的收入和支付能力选择储蓄医疗项目,享受的医疗服务越高,个人支付的费用就越多。国家主要负责组织储蓄医疗保险制度的建立和完善,保证个人储蓄医疗保险基金的保值和增值,不负担或只负担少部分费用,对医疗机构给予适当的补贴。

储蓄医疗保险模式的优势在于避免医疗过度消费,特点在于国家干预强制实施,所以能够覆盖全体公民和永久性居民、所有雇员和自雇人员。但是其主要依靠个人和家庭的积累,缺乏社会成员之间的互助分摊。

二、医疗保障基金的筹集与支付

医疗保障基金是各国医疗保障模式的核心,医疗保障承担医疗费用抵御疾病风险的功能,都是通过医疗保障基金的筹集、支付与费用控制来实现的。

(一)医疗保障基金的筹集

各国不同的医疗保障模式,其医疗保障基金的筹集形式也不尽相同、全民医疗服务模式、社会医疗保险模式、商业医疗保险模式和储蓄医疗保险模式分别通过国家税收、强制缴费、自由投保和强制储蓄账户的形式筹集基金。但是无论是收税还是收费,抑或是强制储蓄,都必须遵循收支平衡的基本原则。基于此,在社会保险中形成了三种筹资模式,即现收现付制、完全积累制和部分积累制。

1. 现收现付制

现收现付制是社会保险为基金积累的主要方式,主要是在以支定收的原则下,将当期的缴费收入全部用于支付当期的支出,不留或留很少的储备基金。在医疗保障中体现为横向的收支平衡,其保险费率的厘定一般是在每期期末,基于以往的实践经验和对工资、物价、医疗费用增速等因素的预测,对下一期(一年)需支付的保险金额进行预测,并将需要支出的总金额按一定的提取比例进行分摊。世界上大多数国家都采用这种模式。

2. 完全积累制

完全积累制又称基金制，是以远期纵向平衡为原则的社会保障基金筹集模式。此种模式要求劳动者在整个就业期间采取储蓄积累方式筹集社会保障基金，建立个人账户，作为长期储存及保值增值积累的基金，所有权归个人，达到领取条件一次性或按月领取。

3. 部分积累制

由于现收现付制和完全积累制都存在一定的局限，许多国家采用了介乎于二者之间的一种方式，即部分积累制。部分积累制是将近期的横向收支平衡和远期的纵向收支平衡相结合的一种医疗保障基金筹集模式。显然，医疗保障基金的横向平衡和纵向平衡之间存在很多组合，因此部分积累制又有不同的方式。

（二）医疗保障基金的支付

医疗保障基金的支付是医疗保障的重要职能体现，也是医疗保障运行中的重要环节。医疗保障基金支付中，为了控制过度医疗、减少医疗费用的浪费，也为了防止不合理的医疗服务供给、保证医疗服务质量，对于参保者和代替参保者第三方机构即医疗保障机构都有一些规定。

1. 常见的参保者费用分担方式

费用分担方式是指参保者在接受医疗服务提供者的服务之后分担一部分医疗费用的方法。参保者参与费用分担有利于控制自己的医疗需求行为，达到合理使用医疗服务和控制医疗费用的目的。常见的费用分担方式主要有以下几种：

（1）起付线方式。起付线是由医疗保障机构规定的医疗费用支付的最低标准，即低于起付线以下的医疗费用全部由参保人个人负担，超过起付线以上的医疗费用由医疗保障机构支付部分或全部的医疗费用。设置起付线有利于产生费用意识，控制医疗服务消费行为。

起付线标准需要科学测算。起付线不能过低，否则容易过度使用医疗资源，产生道德风险，难以控制医疗费用；也不能过高，否则会超过部分参保人的经济承受能力，抑制其正常的医疗需求，可能使部分参保人不能及时就医，小病拖成大病，反而增加了医疗费用。此外，过高的起付线，可能影响参保人参加社会医疗保险的积极性，造成医疗保险覆盖面和受益面下降。在具体运用过程中，起付线方式主要分为以下几种：一是以服务次数为单位计算起付线；二是以一段时期内累计数额计算起付线；三是以个人或家庭的医疗保险储蓄作为起付线，即所谓的个人账户和大病统筹相结合的保险支付方式。

(2) 共同付费方式。共同付费方式又称为比例分担方式，即参保人和医疗保障机构按一定比例共同支付医疗费用，这一比例又称为共同负担率或共同付费率。共同付费可以是固定比例，也可以是变动比例。这种方式简单直观，参保人可根据自己的支付能力适当选择医疗服务，有利于调节医疗服务消费，控制医疗费用。不过，如何确定一个合理的参保人自付比例，确实需要科学的测算，因为自付比例的高低直接影响参保人的就医行为。如果自付比例过低，则对参保人制约作用较小，达不到控制卫生费用不合理增长的目的；而自付比例过高，可能超出参保人的承受能力，抑制正常的医疗需求，造成小病不治酿成大病，加重参保人的经济负担，达不到保障的目的。另外，不同人群和不同收入状况采用同一自付比例，也可能出现卫生服务的不公平现象。

为此，在实际操作中，共同付费方式一般采用变动比例或相应的辅助办法。例如，采用分级共同付费方式，即随着医疗费用的增加，逐级减少参保人的自付比例，以达到少数患大病的参保人能够承担得起医疗费用。或者，采用不同年龄段确定不同的自付比例的方式，中青年自付比例高些，老年人自付比例低些。

(3) 最高限额方式。最高限额方式也称封顶线，是与起付线方式相反的费用分担方法。该方法是先规定一个医疗费用封顶线，医疗保障机构只支付低于封顶线以下的医疗费用，超出封顶线以上的医疗费用由参保人负担。

在社会经济发展水平和各方承受能力较低的情况下，设立封顶线有利于保障参保人享受费用比较低、各方都可以承受的一般医疗；也有利于限制参保人对高额医疗服务的过度需求，以及医疗服务提供者对高额医疗服务的过度提供。不过，封顶线的规定对发生大额医疗费用的人群不能发挥减轻医疗负担的作用，还需要通过建立各种形式的补充医疗保险对超出封顶线的费用给予补偿。

（4）混合支付方式。由于上述三种费用分担方式各有优缺点，因此在医疗费用偿付方式的实际使用中，往往将上述三种方式综合使用，即采用混合支付方式，以有效地促进医疗保险基金的合理利用，控制医疗费用的过度增长。

2. 医疗保障机构付费方式

医疗保障机构作为第三方代替参保人向医疗服务提供方支付医疗服务费用的方法主要有以下几种：

（1）按服务项目付费。患者在接受医疗服务时，按服务项目（如诊断、治疗、化验、药品和护理等）的价格计算费用，然后由医疗保障机构向医疗服务提供者偿付费用，所偿付费用的数额取决于各服务项目的价格和实际的服务量。这是典型的后付制，也是一种运用最广泛的费用支付方式。

（2）按人头付费。由医疗保障机构根据医院或医生服务的参保者人数，定期向医院或医生支付一笔固定的费用。在此期间，医方负责提供合同规定的一切医疗服务，不再另外收费。按人头支付属于预付制的一种。

（3）定额付费。医疗保障机构根据历史资料以及其他因素制定出平均服务单元费用标准，然后根据医疗机构的服务单元量进行支付。其总费用计算公式为

$$总费用 = \sum 平均服务单元费用 \times 服务单元量$$

服务单元是指将医疗服务过程按照一个特定的参数分为若干相同的部分，每一个部分成为一个服务单元，如一个门诊人次、一个住院人次或者一个住院床日。

（4）按病种付费。医疗服务机构获得医疗保障机构的费用支付是按每位病人所属的疾病分类和等级定额预付的，医院的收入与每个病种及诊疗规范和医护计划有关，而与该病种的实际费用无关。按病种付费也属于预付制的一种。

（5）总额预算制。由医疗保障机构根据与医院协商确定的年度预算总额进行偿付。在总额预算制下，医院预算额度一旦确定，医院的收入就不能随服务量的增长而增加，一旦出现亏损，医疗保障机构也不再追加支付，亏损部分由医院自付。年度预算总额的确定往往要考虑医院规模、服务质量、服务地区人

口密度、医院设备与设施情况、上一年度预算执行情况和通货膨胀率等。年度预算总额一般每年协商调整一次。

三、我国的医疗保障体系

根据《"健康中国2030"规划纲要》和《"十三五"深化医药卫生体制改革规划》，我国的医疗保障体系可以概括如图2-1所示。

```
医疗保障体系 ┬─ 全民医保体系 ┬─ 基本医疗保障体系 ┬─ 基本医疗保险制度
            │              │                  ├─ 基本医疗补充保险
            │              │                  └─ 医疗社会救助
            │              ├─ 多种形式补充保险
            │              └─ 商业健康保险
            └─ 医疗保险管理服务体系 ┬─ 医疗保险基金预算管理
                                  └─ 医疗保险监控
```

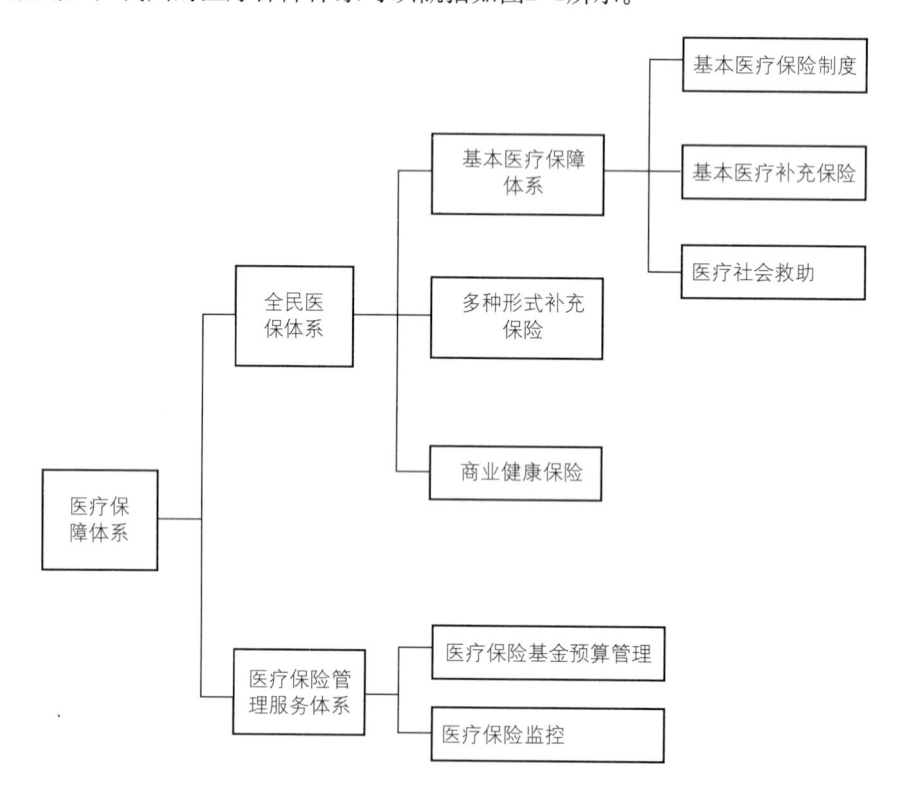

图2-1　我国的医疗保障体系

第一，我国医疗保障体系首先是全民医保体系，即以基本医疗保障为主体、其他多种形式补充保险和商业健康保险为补充的多层次医疗保障体系。

第二，我国医疗保障体系还包括医疗保险管理服务体系，主要包括医疗保险基金预算管理和医疗保险监控。其中，医疗保险基金预算管理主要是指包括按病种付费、按人头付费、按疾病诊断相关分组付费（DRGs）、按服务绩效付费的总额预算管理下的复合式付费方式；医疗保险经办机构与医疗机构的谈判协商与风险分担机制；基本医疗保险异地就医结算机制等。医疗保险监控则主要包括医疗保险对医疗机构、医务人员的监管，引入社会力量参与医疗保险经办，加强医疗保险基础标准建设和应用等。

第三，明确商业健康保险是我国医疗保障体系的重要组成部分。商业健康保险机构在精算技术、专业服务和风险管理等方面有独特的优势，不仅可以提供丰富的与健康管理服务相关的健康保险、消费型健康保险等产品，以及多种形式的补充保险，还可以发展健康管理组织等新型组织形式，参与基本医疗保险的经办服务，承办城乡居民大病保险、医疗责任保险、医疗意外保险等，以满足人们基本医疗保险之外的健康需求。

鉴于医疗保险管理服务体系和商业健康保险需要专门的教材进行深入介绍，本教材将主要介绍我国的基本医疗保障体系。

第二节
我国的基本医疗保障体系

一、基本框架

在计划经济体制下，我国形成了以公费医疗、劳保医疗、农村合作医疗为主要内容的基本医疗保障体系，并在促进经济发展和维护社会稳定方面发挥了重要作用。其中，农村合作医疗制度也一度被国际上认为是发展中国家解决农村缺医少药问题的典范。

改革开放和社会经济的发展使计划经济体制下的医疗保障体系与市场经济体制不相适应。随着社会保障制度的改革，医疗保障体系也逐步改革，并逐步建立起包括城镇职工基本医疗保险制度、新型农村合作医疗制度和城镇居民基本医疗保险制度在内的市场经济条件下的基本医疗保险制度。2016年1月3日，国务院印发《关于整合城乡居民基本医疗保险制度的意见》，整合城镇居民基本医疗保险和新型农村合作医疗两项制度，建立起了统一的城乡居民基本医疗保险制度。

经过长期的改革和发展，目前我国已经形成了以包括城镇职工基本医疗保险制度、城乡居民基本医疗保险制度在内的基本医疗保险制度为主体，以城镇职工大额医疗费用补助制度、公务员医疗补助制度和城乡居民大病保险制度为

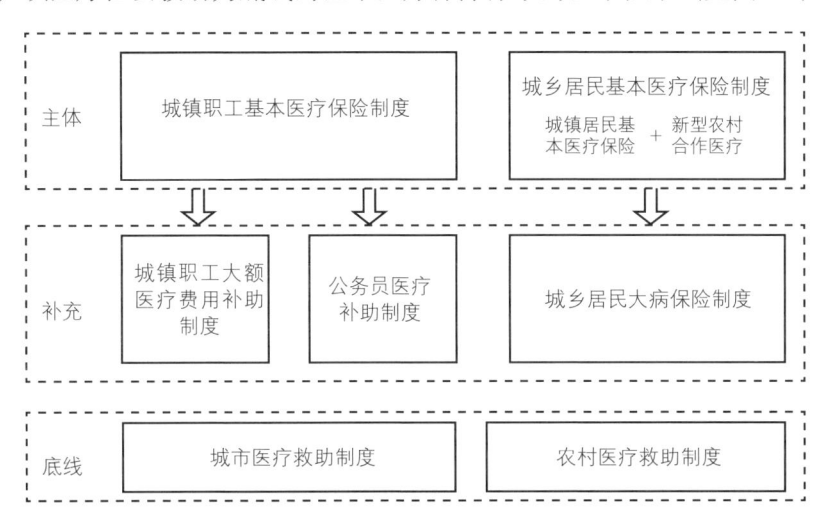

补充，以医疗社会救助为底线的基本医疗保障体系的基本框架（见图2-2）。

图2-2 我国的基本医疗保障体系

二、城镇职工基本医疗保险

（一）劳保医疗与城镇职工基本医疗保险

城镇职工基本医疗保险制度是由劳保医疗制度改革发展而来的。根据宪法，我国在1951年初正式颁布了《劳动保险条例》，并于1953年进行了修改，颁布了《关于中华人民共和国劳动保险条例若干修正的决定》，进而劳保医疗制度得以建立。该制度主要适用于国营企业和部分集体企业的职工。劳保医疗费用在1953年以前全部由企业负担；1953年改为根据行业性质分别按工资总额的5%～7%提取。1966年4月劳动部和全国总工会颁发了《关于改进企业职工劳保医疗制度几个问题的通知》，对劳保医疗做了一些新规定，如规定职工患病和非因工负伤，就诊时所需的挂号费和出诊费均由职工个人负担；医疗时所需的贵重药品由企业负担，但服用营养滋补药品的费用应由职工负担等。1969年，财政部发布规定要求中央国营企业的奖励基金、福利费和医药卫生费实行合并提取办法，统一按照企业工资总额的11%提取的职工福利基金直接计入成本。

劳保医疗制度的实施解决了职工在医疗上的后顾之忧,在当时对经济社会的发展发挥了重要作用。但随着我国从计划经济转向社会主义市场经济,政府和企业开始改革,劳保医疗制度的弊端不断显现,继续运行也产生了困难,因此进行医疗保障制度改革势在必行。1993年中共十四届三中全会明确指出要采用个人账户加统筹账户的模式建立社会医疗保险制度,并于1994年在江苏镇江和江西九江开展了"统账结合"模式的职工医疗保险改革试点。1998年底,国务院出台《关于建立城镇职工基本医疗保险制度的决定》,随后又颁布一系列配套的行政法规和部门规章,确立了城镇职工基本医疗保险制度的框架。城镇职工医疗保险制度自此逐渐在全国范围内建立起来。

(二) 公务员、事业单位的医疗保障制度

公务员、事业单位的医疗保障制度起源于中华人民共和国成立初期的公费医疗制度。1952年,原国家政务院发布了《关于全国各级人民政府、党派、团体及所属事业单位的国家工作人员实行公费医疗预防的指示》,明确规定了公费医疗制度享受的对象为全国各级人民政府、党派、工青妇等团体、各种工作队以及文化、教育、卫生、经济建设等事业单位的国家工作人员和革命残废军人。这奠定了我国机关、事业单位公费医疗制度的基础。国家财政、卫生等部门后来陆续颁布了《公费医疗管理办法》《关于改进公费医疗管理问题的通知》等政策文件,进一步完善了公费医疗制度。公费医疗制度属于福利性质,由国家财政进行负担,无法有效解决过度医疗等问题,导致财政负担日益沉重。此外,公费医疗制度与社会主义市场经济制度的摩擦逐渐增多,越来越多的人呼吁对公费医疗制度进行改革。

1998年国务院颁布了《关于建立城镇职工基本医疗保险制度的决定》,明确规定城镇所有用人单位,包括企业(国有企业、集体企业、外商投资企业、私营企业等)、机关、事业单位、社会团体、民办非企业单位及其职工都要参加基本医疗保险。这开启了公费医疗制度向城镇职工医疗基本保险制度改革的序幕。为了减少改革的阻力,该决定另外规定国家公务员在参加基本医疗保险的基础上,享受医疗补助政策。到目前为止,除极少部分政府机关工作人员还存在公费医疗外,其他所有机关、事业单位的职工都被纳入城镇职工基本医疗保险内。

三、城乡居民基本医疗保险

（一）新型农村合作医疗制度

新型农村合作医疗制度是相对于传统农村合作医疗制度而言的。我国的农村合作医疗起源于20世纪40年代陕甘宁边区的"医药合作社"，正式兴起于1955年的农业合作化时期，是伴随着农业合作化运动逐步兴起的。1955年起，河南、山西等地的农村陆续出现了一批实现健康群体和生病群体互助共济的保健站，这些保健站由生产合作社举办、在村庄范围发挥作用。正式建立于1956年全国人大三次会议通过的《高级农业生产合作社示范章程》之后。《高级农业生产合作社示范章程》中规定："合作社对于因公负伤或者因公致病的社员要负责医治，并且酌量给以劳动日作为补助"，从而明确了合作社为农民治病的职责。治病产生的医疗经费没有国家财政的专项拨款，是从合作社的公益金中提取的。1965年毛泽东主席作出"把医疗卫生工作的重点放到农村去"的重要指示，促进了传统农村合作医疗制度的进一步推广。传统农村合作医疗制度在很大程度上解决了农民看病难的问题，改善了当时农民的健康状况。到1976年，全国已有90%的农民参加了合作医疗制度。

与劳保医疗和公费医疗不同，农村合作医疗主要适用于农村地区，而且不是由国家立法强制建立的，也没有国家财政给予资金支持，而是在农村地区，以集体经济为基础，以农民群众自愿参加为原则，通过集体和个人集资筹集医疗经费，为农民居民提供医疗保健服务的一种互助共济制度。

20世纪80年代，农村地区首先进行了经济体制改革，集体经济转变为家庭联产承包责任制和统分结合的双层经营体制。这使得传统农村合作医疗制度失去了经济基础和组织基础，开始走向衰落和消亡。传统农村合作医疗制度消亡后，农村地区医疗卫生服务供不应求的问题日益突出。20世纪90年代，党和政府提出改革和重建农村合作医疗制度，新型农业合作医疗制度应运而生。1993年，中共中央在《关于建立社会主义市场经济体制若干问题的决定》中提出，要"发展和完善农村合作医疗制度"。2003年1月，国务院办公厅转发了卫生部、财政部和农业部制定的《关于建立新型农村合作医疗制度的意见》，第一次系统地提出了新型农业合作医疗的定义、筹资模式、原则和管理方式，从而拉开了新型农村合作医疗制度发展的序幕。2016年，国务院出台了《关于整合城乡居民基本医疗保险制度的意见》，推进新型农村合作医疗制度和城镇居民基本医疗保险制度整合，逐步在全国范围内建立起统一的城乡居民医疗保险制度。

（二）城镇居民基本医疗保险

随着城镇职工基本医疗保险制度的实施和新型农村合作医疗制度的推进，城镇里的老人、儿童、学生和其他非从业人员成为这两项制度覆盖的盲点，在社会上引起强烈反响。在传统的劳保医疗制度中，他们作为职工的直系亲属可以获得"半价医疗"，但1998年建立起来的城镇职工基本医疗保险制度没有延续他们的医疗保障权利。这些老人、儿童、学生等群体又是最容易患病的人群，非常需要基本医疗保险制度的保障。因此，需要建立相应的基本医疗保险制度对他们进行保障。2004年起，江苏镇江等地区为了解决少年儿童等非从业居民的医疗保障问题，开始探索建立城镇居民基本医疗保险制度，积累了初步的经验。2007年国务院颁布了《关于开展城镇居民基本医疗保险试点的指导意见》，规定了城镇居民基本医疗保险的参保范围、筹资机制、参保原则、支付范围和经办管理机构。2008年，各类全日制普通高校学生、全日制本专科生和全日制研究生也被纳入城镇居民基本医疗保险范围中。城镇居民基本医疗保险虽然起步较晚，但是有了城镇职工基本医疗保险和新农合的经验，发展比较迅速。

2016年，国务院出台《关于整合城乡居民基本医疗保险制度的意见》，推进城镇居民基本医疗保险制度和新型农村合作医疗制度整合，逐步在全国范围内建立起统一的城乡居民医疗保险制度。

2017年末全国参加基本医疗保险人数为117 682万人，占全国内地总人口的85%，覆盖面有效扩大。其中，参加职工基本医疗保险人数达到30 323万人；参加城乡居民基本医疗保险人数达到87 359万人。[①]

---

① 人力资源和社会保障部.2017年度人力资源和社会保障事业发展统计公报[R].

四、基本医疗补充保险和医疗救助

（一）基本医疗补充保险

基本医疗保险制度的补充保险部分，包括覆盖城镇职工医保参保人的大额医疗费用补助、覆盖城乡居民医保（包括城镇居民医保和新农合）参保人的城乡居民大病保险、覆盖公务员的医疗补助三项制度。

城镇职工大额医疗费用补助是对参保年度内发生的属于城镇职工基本医疗保险支付范围内，累计超过职工医保统筹基金支付限额的医疗费用再次进行补偿的一种基本医疗补充保险制度。

城乡居民大病保险是根据2012年卫生部、财政部等六部门《关于开展城乡居民大病保险工作的指导意见》建立的，针对城镇居民医保、新农合的参保(合)人患大病发生高额医疗费用的情况下，对城镇居民医保、新农合补偿后需个人负担的合规医疗费用给予保障的一种补充保险制度。

公务员医疗补助是根据《国务院办公厅转发劳动保障部财政部关于实行国家公务员医疗补助意见的通知》（国办发〔2000〕37号）建立的，解决公务员等群体在从公费医疗过渡到城镇职工基本医疗保险后待遇下降等问题的一种补充保险制度。

（二）医疗救助

医疗救助是针对那些因为贫困而没有经济能力进行治病的公民实施的专门帮助和支持的一项医疗保障政策。

我国的医疗社会救助是根据民政部、卫生部、劳动保障部和财政部2005年颁布的《关于建立城市医疗救助制度试点工作的意见》，与民政部、卫生部和财政部2003年联合下发的《关于实施农村医疗救助的意见》建立的，是针对城市医疗救助对象和农村医疗救助对象的医疗救助体系。

其中，城市医疗救助对象主要是城市居民最低生活保障对象中未参加城镇职工基本医疗保险的人员、已参加城镇职工基本医疗保险但个人负担仍然较重的人员和其他特殊困难群众。农村医疗救助对象为农村"五保户"、农村贫困家庭成员和地方政府规定的其他符合条件的农村贫困农民。

在各地的试点实践中，还逐步增加了《关于建立城市医疗救助制度试点工作的意见》和《关于实施农村医疗救助的意见》以外的其他救助对象，如低收入老年人、流动人口中的孕妇、精神病患者等。

第三节
我国基本医疗保险的政策内容

一、城镇职工基本医疗保险的政策内容

（一）基本特点

城镇职工基本医疗保险呈现出了广覆盖、保基本、费用共担、统账结合的特点。

1. 广覆盖

城镇职工基本医疗保险覆盖城镇所有用人单位和职工，包括中央、省属单位、外商投资企业、私营企业、乡镇企业及职工、城镇个体经济组织业主及其从业人员，也可以由各省、自治区、直辖市决定是否纳入基本医疗保险。目前，基本医疗保险参保人数超过13.5亿人，参保率稳定在95%以上；城乡居民大病保险制度，覆盖了10.5亿人。

2. 保基本

我国基本医疗保险覆盖人口众多，基金支出压力大，基本医疗保险的水平必须与中国社会主义初级阶段的生产力发展水平相适应，充分考虑财政和企业的实际承受能力，对基本医疗需求进行保障，这样才能保证基本医疗保险制度的可持续性。

3. 费用共担

基本医疗保险制度在对医疗费用进行报销上采取"保而不包"的原则，个人需要承担一定比例和额度的医疗费用，这对于遏制过度医疗等道德风险问题有一定作用，但是也导致个人仍然面临高额医疗费用支出的风险。

4. 统账结合

基本医疗保险制度实行社会统筹和个人账户相结合，既增强个人自我保障和节约医疗费用的意识，抑制医疗费用的过度增长，又充分发挥统筹基金的互济作用，解决单位和职工的医疗风险问题。

（二）基本模式

1. 强制参保

城镇职工基本医疗保险采用的原则是覆盖城镇所有用人单位的职工，包括企业（国有企业、集体企业、外商投资企业、私营企业等）、机关、事业单位、社会团体、民办非企业单位及其职工，乡镇企业及其职工、城镇个体经济组织业主及其从业人员和灵活就业人员原则上也要依法参加职工基本医疗保险。

2. 筹资模式

基本医疗保险采取部分积累制，实行社会统筹和个人账户相结合的方式。个人账户和统筹基金共同构成基本医疗保险基金，统筹基金和个人账户各自划定支付范围，分别核算，不得互相挤占。

基本医疗保险制度建立了由用人单位和职工共同缴费的机制。用人单位缴费率应控制在职工工资总额的6%左右，职工缴费率一般为本人工资收入的2%。随着经济发展，用人单位和职工缴费率可作相应调整。

职工个人缴纳的基本医疗保险费全部计入个人账户。用人单位缴纳的基本医疗保险费分为两部分，一部分用于建立统筹基金，另一部分划入个人账户。划入个人账户的比例一般为用人单位缴费的30%左右，具体比例由统筹地区根据个人账户的支付范围和职工年龄等因素确定。

3. 支付方式

基本医疗保险基金的支付方式采用的是混合支付方式。其中，统筹基金确定有起付标准和最高支付限额，起付标准原则上控制在当地职工年平均工资的10%左右，最高支付限额原则上控制在当地职工年平均工资的4倍左右。

起付标准以下的医疗费用从个人账户中支付或由个人自付。起付标准以上、最高支付限额以下的医疗费用主要从统筹基金中支付，个人也要负担一定比例。超过最高支付限额的医疗费用可以通过商业医疗保险等途径解决。

统筹基金的具体起付标准、最高支付限额以及在起付标准以上和最高支付限额以下医疗费用的个人负担比例，由统筹地区根据以收定支、收支平衡的原则确定。

基本医疗保险基金的支付标准执行职工医保三大目录，即基本医疗保险药品目录、诊疗项目目录、医疗服务设施标准。

（三）管理部门与统筹层次

根据第十三届全国人民代表大会第一次会议批准的国务院机构改革方案，整合人力资源和社会保障部的城镇职工和城镇居民基本医疗保险、生育保险职责，国家卫生和计划生育委员会的新型农村合作医疗职责，国家发展和改革委员会的药品和医疗服务价格管理职责，民政部的医疗救助职责，组建国家医疗保障局，作为国务院直属机构。也就是说，基本医疗保险的管理部门将统一为国家医疗保障局。

基本医疗保险实行属地管理，在统筹层次方面，原则上以地级以上行政区（包括地、市、州、盟）为统筹单位，也可以县（市）为统筹单位，北京、天津、上海3个直辖市原则上在全市范围内实行统筹（以下简称统筹地区）。

二、城乡居民基本医疗保险的政策内容

根据《关于整合城乡居民基本医疗保险制度的意见》（国发〔2016〕3号），本着"统筹规划、协调发展，立足基本、保障公平，因地制宜、有序推

进、创新机制、提升效能"的基本原则，城镇居民基本医疗保险和新型农村合作医疗两项制度整合，建立起了统一的城乡居民基本医疗保险制度。这里我们具体介绍一下城乡居民基本医疗保险的政策内容。

（一）城镇居民基本医疗保险

城镇居民基本医疗保险，是2007年根据《关于开展城镇居民基本医疗保险试点的指导意见》（国发〔2007〕20号）（以下简称《指导意见》）建立的，以没有参加城镇职工医疗保险的城镇未成年人和没有工作的居民为主要参保对象的一种基本医疗保险制度。城镇居民基本医疗保险由政府主导，以居民个人（家庭）缴费为主，政府适度补助，政府对参保居民实行普惠制的补助，按照缴费标准和待遇水平相一致的原则，解决城镇居民的医疗需求。主要内容包括：

1. 覆盖范围

主要针对中小学阶段的学生（包括职业高中、中专、技校学生）、少年儿童和其他非从业城镇居民。

2. 资金来源

居民医保参保费用主要由个人缴纳，政府给予适当补助。

3. 缴费基数

根据当地主管部门按当地经济水平确定的基数定额缴纳，一年缴一次。

4. 保障范围

居民医保大多只报销住院或门诊大病医药费的50%~70%，普通门诊费不予报销或仅少量报销。

5. 保险时效

缴费只管当年，缴一年享受一年，不缴费不享受。

6. 参保强制性

居民医保实行的是"自愿参保、财政引导"的原则，居民自愿选择参保。

（二）新型农村合作医疗

新型农村合作医疗制度简称新农合，是根据《关于建立新型农村合作医疗制度的意见》建立的，旨在解决农村居民日益突出的"因病致贫、因病返贫"的现象的一种基本医疗保险制度。

新型农村合作医疗，是由政府组织、引导、支持，农民自愿参加，个人、集体和政府多方筹资，以大病统筹为主的农民医疗互助共济制度。采取个人缴费、集体扶持和政府资助的方式筹集资金。其目的是解决农民的就医问题，减轻农民因疾病带来的经济负担，提高农民健康水平。主要遵从以下几条原则。

1. 以家庭为单位自愿参加的原则

新农合最大的制度特点就是坚持"农民自愿参加"的基本原则。新农合采取了农民以家庭为单位自愿参加的做法，体现了农民互助共济的合作意识，也表现了政府对农民意愿的尊重；它的目的在于让农民自己认可这项利民的制度，自愿参加，因势利导，最终覆盖全体农民。

2. 以政府财政筹资为主的原则

新农合从建立之初，就明确了"以政府财政筹资为主"的原则，明确规定中央和地方财政对参合农民给予一定补助，体现了国家对农村的支持和对农民的关爱。2003年启动之初，新农合人均筹资30元，其中中央政府和地方政府各自按照人均10元补助新农合基金，农民个人自付10元。

3. 保障范围采取以大病为主，兼顾门诊的原则

借鉴以往合作医疗发展的特点，新农合以住院费用补助为主，兼顾门诊费用补偿，重点减轻农民因患大病造成的经济负担；对于部分门诊大额费用视为住院管理，给予一定报销，从而缓解农民的疾病经济负担，缓解农民因病致贫、因病返贫的现象。

4. 以县级单位为统筹层次的原则

新农合以县为单位统筹和组织实施，增强了抗风险能力和监管力度。

5. 采取"卫生系统经办，各部门协调配合"的原则

新农合由县区政府负责统一协调和指导，成立由财政、卫生、民政等相关部

门组成的新农合管理委员会,明确监督管理机构和经办机构的职责和任务。财政部门负责新农合基金的使用和管理,人大、政协等相关部门作为监督管理机构。同时赋予农民知情权和监管权,从而提高了制度的公开、公平和公正性。

(三)城乡居民基本医疗保险制度

1. 覆盖人群

新农合以户为单位自愿参保,覆盖农村户籍人口。城镇居民基本医疗保险采取自愿参保原则,覆盖城镇中处于城镇职工基本医疗保险覆盖范围之外的人群。

整合后的城乡居民医保制度本着应保尽保、避免重复参保的原则,覆盖范围包括现有城镇居民医保和新农合所有应参保(合)人员,即覆盖除职工基本医疗保险应参保人员以外的其他所有城乡居民。农民工和灵活就业人员依法参加职工基本医疗保险,有困难的可按照当地规定参加城乡居民医疗保险。

2. 基本模式

城镇居民基本医疗保险和新农合,以及合并后的城乡居民基本医疗保险,一般采用门诊统筹基金和大病(含住院和门诊大病等)统筹基金相结合的模式。

城镇居民基本医疗保险以家庭缴费为主,政府给予适当补助。新农合采用个人缴费和中央、地方政府补助相结合的方式。城乡居民基本医疗保险实行个人缴费与政府补助相结合为主的筹资方式,鼓励集体、单位或其他社会经济组织给予扶持或资助。

统筹考虑城乡居民医保与大病保险保障需求,按照基金收支平衡的原则,合理确定城乡统一的筹资标准。完善筹资动态调整机制。在精算平衡的基础上,逐步建立与经济社会发展水平、各方承受能力相适应的稳定筹资机制。逐步建立个人缴费标准与城乡居民人均可支配收入相衔接的机制。合理划分政府与个人的筹资责任,在提高政府补助标准的同时,适当提高个人缴费比重。

在统筹层次方面,目前城镇居民医疗保险基本实行地市级统筹,新农合绝大部分是县级统筹,整合后的城乡居民基本医疗保险原则上实行市(地)级统筹。

3. 待遇机制

遵循保障适度、收支平衡的原则，均衡城乡保障待遇，统一保障范围和支付标准，为参保人员提供公平的基本医疗保障。

城乡居民医保基金主要用于支付参保人员发生的住院和门诊医药费用。稳定住院保障水平，政策范围内住院费用支付比例保持在75%左右。进一步完善门诊统筹，逐步提高门诊保障水平。逐步缩小政策范围内支付比例与实际支付比例间的差距。

随着城乡居民医疗保险制度的推进，城乡居民将统一医保药品目录、医疗服务项目目录和医疗服务支付范围。

4. 基金管理

城乡居民医疗保险执行国家统一的基金财务制度、会计制度和基金预决算管理制度。城乡居民医疗保险基金纳入财政专户，实行"收支两条线"管理。基金独立核算、专户管理，任何单位和个人不得挤占挪用。

结合基金预算管理，全面推进付费总额控制。基金使用遵循以收定支、收支平衡、略有结余的原则，确保应支付费用及时足额拨付，合理控制基金当年结余率和累计结余率。建立健全基金运行风险预警机制，防范基金风险，提高使用效率。

三、基本医疗补充保险的政策内容

（一）城镇职工大额医疗费用补助

城镇职工大额医疗费用补助是城镇职工基本医疗保险的有力补充，旨在减轻参保职工患大病时的医疗费负担。城镇职工基本医疗保险的参保对象就是城镇职工大额医疗费用补助的对象，解决的是参保职工年度内发生的属于城镇职工基本医疗保险支付范围内的，超过基本医疗统筹基金最高支付限额以上部分的医疗费用问题。

城镇职工大额医疗费用补助，一般在对超过职工医保统筹基金支付限额以上部分的补偿也会设定一个最高限额。各地基本都是根据当地实际确定大额医疗费用补助的最高限额。例如，北京市城镇职工基本医保的大额互助补充保险的最高限额为20万元；天津的大额互助补充保险的最高限额为35万元。

参保职工当年住院费用超过基本医疗统筹基金最高支付限额以上的部分至最高限额以下的医疗费用，个人须负担一定的比例，各统筹地区根据"以收定支，收支平衡，略有节余"的原则确定个人负担比例，规定各异，但一般不超过10%。

城镇职工大额医疗费用补助的保险费原则上由职工个人负担。对特别困难的参保人员，单位可酌情补助。年度缴费标准由统筹地区劳动和社会保障部门根据当地经济承受能力和保障水平确定。一般来说，参保职工按年度一次性缴足大额医疗补助保险费的，才能享受当年大额医疗补助，因故中断缴纳大额医疗补助保险费的，年度内不得重新申请参加，也不得享受该年度大额医疗费用补助。

总之，城镇职工大额医疗费用补助在国家层面只有原则性规定，具体由各个地市制定落地政策，各地的名称也不尽相同。在经办机构上，有的地市由政府部门经办，有的地市交由商业保险公司经办。

（二）城乡居民大病保险

城乡居民大病保险是在基本医疗保障的基础上，对大病患者发生的高额医疗费用给予进一步保障的一项制度性安排，是基本医疗保障制度的拓展、延伸和有益补充。

1. 保障对象

城乡居民大病保险的保障对象为城镇居民医保、新农合的参保(合)人，主要在参保(合)人患大病发生高额医疗费用的情况下，对城镇居民医保、新农合补偿后需个人负担的合规医疗费用给予保障。

2. 保障范围

城乡居民大病保险的保障范围与城镇居民医保、新农合相衔接。在城镇居民医保、新农合按政策规定提供的基本医疗保障的基础上，大病保险主要在参保（合）人患大病发生高额医疗费用的情况下，对城镇居民医保、新农合补偿后需个人负担的合规医疗费用给予保障。

其中，高额医疗费用可以是个人年度累计负担的合规医疗费用超过当地统计部门公布的上一年度城镇居民年人均可支配收入、农村居民年人均纯收入为判定标准，具体金额由地方政府确定。合规医疗费用是指实际发生的、合理的医疗费用，具体由地方政府确定。各地也可以从个人负担较重的疾病病种起步开展大病保险。

3. 保障水平

城乡居民大病保险主要从城镇居民医保基金、新农合基金中划出一定比例或额度作为大病保险资金，以力争避免城乡居民发生家庭灾难性医疗支出为目标，合理确定大病保险补偿政策，实际支付比例不低于50%。

按医疗费用高低分段制定支付比例，原则上医疗费用越高支付比例越高。随着筹资、管理和保障水平的不断提高，逐步提高大病报销比例，最大限度地减轻个人医疗费用负担。

4. 商业保险机构承办

城乡居民大病保险采取向商业保险机构购买大病保险的方式，通过政府招标选定承办大病保险的商业保险机构，要求遵循收支平衡、保本微利的原则，合理控制商业保险机构盈利率，合作期限原则上不低于3年。商业保险公司中标后，以保险合同形式承办大病保险，承担经营风险，自负盈亏。

（三）公务员医疗补助

公务员医疗补助主要是为了解决公务员等群体在从公费医疗过渡到城镇职工基本医疗保险后待遇下降等问题。覆盖范围包括公务员、参公管理事业单位人员以及以前享受公费医疗待遇或参照待遇的事业单位人员与退休人员。

根据《国务院办公厅转发劳动保障部财政部关于实行国家公务员医疗补助意见的通知》（国办发〔2000〕37号），对于国家公务员的医疗补助经费主要用于"基本医疗保险统筹基金最高支付限额以上，符合基本医疗保险用药、诊疗范围和医疗服务设施标准的医疗费用补助；在基本医疗保险支付范围内，个人自付超过一定数额的医疗费用补助；中央和省级人民政府规定享受医疗照顾的人员，在就诊、住院时按规定补助的医疗费用"。

总之，公务员医疗补助主要对城镇职工基本医疗保险支付限额以上、"三大目录"范围之内、个人支付超过一定额度的医疗费用进行补助，由社保经办机构具体经办。

（四）基本医疗保险意外伤害附加保险

为减轻基本医疗保险参保人员因意外伤害风险导致的经济负担，健全多层次医疗保障体系，保障基本医疗保险参保人发生意外伤害后得到救治与救助，降低家庭和社会意外伤害风险，一些省市在基本医疗保险的基础上建立和实施了基本医疗保险意外伤害附加保险制度或者基本医疗意外伤害保障管理办法，并与基本医疗保障制度形成有效衔接。

1.基本性质

基本医疗保险意外伤害附加保险是政府为城镇职工基本医疗保险和城乡居民基本医疗保险的参保人建立的一种意外伤害附加保险。属于基本医疗保险制度补充层的一项制度，通过政府向商业保险公司购买服务的方式实现，参保人个人不缴费。

2.给付范围

基本医疗保险意外伤害附加保险中关于意外伤害的定义与一般性定义基本一致，即意外伤害是指参保人因突发的、外来的、非本人意愿的意外事故造成伤害、伤残或者死亡的情形。但是，将参保人因洪水、地震等巨大自然灾害导致伤害的列为除外责任。

参保人自享受基本医疗保险待遇之日起，纳入参保所属年度意外伤害附加险给付范围。其中，参保人中断享受基本医疗保险待遇期间发生意外伤害的，仍由意外伤害附加险资金按规定标准承担当年度待遇给付。

一般来说，意外伤害给付主要包括三项待遇：

（1）意外伤害医疗费给付。参保人因意外伤害，在基本医疗保险定点服务机构发生的符合本市基本医疗保险报销范围的医疗费用，按照规定标准给付。参保人同时治疗意外伤害和疾病的，意外伤害医疗费用由意外伤害附加险给付，疾病医疗费用按照基本医疗保险有关规定支付。其中，经诊断由癫痫发作、精神病发作、病理性骨折或脑卒中四种突发疾病造成身体伤害的，所发生医疗费用全部由基本医疗保险基金按规定支付。而参保人有下列情形之一的，所发生的意外伤害医疗费用，则不在保险责任之列："一是应当由公共卫生负担的；二是应当由第三人承担的；三是应当由工伤保险基金承担的；四是在境外发生意外伤害医疗费用的。"

经有关部门认定由第三人承担部分责任的，应由参保人个人承担部分的医疗费用由意外伤害附加险资金按规定给付。依法应当由第三人负担的意外伤害医疗费用，第三人不支付或者无法确定第三人的，由意外伤害附加险资金先行支付。先行支付后，受托商业保险机构有权向第三人追偿。

（2）意外伤残给付。参保人因意外伤害导致身体残疾经商业保险专门鉴定机构鉴定为一级至四级的，按照伤残等级一次性给付。伤残等级按照中国银保监会发布的人身保险伤残评定现行标准执行。

（3）意外死亡给付。参保人意外死亡的，按照规定标准对法定继承人一次性给付。应当由工伤保险基金承担意外伤残或死亡给付的，意外伤害附加险资金不再给付。

3. 支付标准

虽然各地的政策不一，但总的来说，基本医疗保险意外伤害附加保险的支付标准不高。例如，青岛规定：参保人因意外伤害发生的住院医疗费用，由社会医疗保险基金按照社会医疗保险住院待遇标准支付。少年儿童、大学生因意外伤害发生的门急诊医疗费用，社会医疗保险统筹支付范围内超过100元以上的部分，由基本医疗保险基金按照90%的比例支付，年度最高支付2 000元。

本章思考题

- 医疗保障的典型模式有哪些?
- 医疗保障基金筹集与支付的基本方式有哪些?
- 简述我国医疗保障体系的基本构成及其特征。
- 分类简述我国医疗保障政策。

第三章　养老保险体系

"三支柱"的养老保险模式是目前国际上普遍采用的养老保险模式。根据中共十九大报告"全面建成多层次社会保障体系"的要求，我国的养老保险体系也是一个"三支柱"的体系，第一支柱是基本养老保险，第二支柱是企业年金和职业年金，第三支柱是个人购买的商业养老保险。这里，我们在分析养老保险基本理论的基础上，主要介绍第一支柱和第二支柱，即基本养老保险、企业年金和职业年金。

通过本章学习将帮助你

了解养老风险的定义和来源

了解生命周期假说和养老保障需求构成

掌握养老保险的三支柱模式及资金来源

了解基本养老保险的主要特征和设计原则

掌握我国基本养老及补充养老的制度构成和政策内容

第一节
养老风险与养老保险

一、养老风险的产生

老有所养、老有所终自古以来就是人们追求的梦想。孔子在《礼记·礼运篇》就提出和描绘了"大同社会"："大道之行也，天下为公。选贤与能，讲信修睦。故人不独亲其亲，不独子其子，使老有所终，壮有所用，幼有所长，矜寡孤独废疾者皆有所养。"而孟子"善养老"的主张即"五十者可以衣帛矣……七十者可以食肉矣……颁白者不负戴于道路矣"，则更为朴素，就是使老人有衣穿有肉吃，不挨冻受饿。

根据生命周期理论，一生中的收入等于消费则可以实现效用最大化。也就是说，如果个人有足够的财务储备就能够保障其年老之后保持其生活品质，延续美好生活。但是受一些不确定因素的影响，人生未必如意。

（一）退休制度让人们必须提前规划自身的养老问题

以血缘关系为基础、家庭经济为生产的基本经济单位的农业社会，由于是简单劳动，分工合作基本上在家庭成员之间进行，人在从事生产活动时，只要身体条件许可，退出劳动的年龄可以很晚，甚至有人终身没有退出。

随着一个国家或地区社会生产力的发展、科学技术的进步以及产业结构的调整，由以农业为主的传统乡村型社会向以工业（第二产业）和服务业（第三产业）等非农产业为主的现代城市型社会逐渐转变成为必然。2011年12月，中国社会科学院发布《社会蓝皮书》，指出中国城镇人口占总人口的比重将首次超过50%，标志着中国城市化首次突破50%。工业化和城镇化，使得更多的人成为非农产业劳动者，而按照退休政策的要求，劳动者达到一定年龄就必须要退出生产。退休，意味着劳动收入的大幅减少或者中断，人们不得不提前考虑如何应对退休之后的收入保障风险。

（二）人的寿命延长使得养老所需资金更加庞大

退休之后，收入减少的同时支出也变得不确定，其中首要的不确定因素是年龄。从世界范围平均水平来看，平均寿命从1800年的27岁提高到1900年的30岁和2000年的65岁。第六次全国人口普查显示，2010年我国人口平均预期寿命为74.83岁，比10年前提高了3.43岁。一般来讲，一个国家或地区60周岁以上的人口占其人口总数的10%，或65周岁以上的人口占其人口总数的7%，该国家或地区就进入老龄化社会。如果65周岁以上人口所占比重达到15%以上，则为"超老年型"社会。

表3-1显示，截至2017年末，我国60周岁及以上老年人口已达24 090万人，占总人口的17.3%；65周岁及以上老年人口已达15 831万人，占总人口的11.4%。按以上国际标准衡量，我国已经进入老龄化社会，并且伴随着人口老龄化程度的持续增高，我国正在迈向"超老年型"社会。

表3-1　　　　　　　　2017年末人口数及其构成

指　　标	年末数（万人）	比重（%）
全国总人口	139 008	100.0
其中：城镇	81 347	58.52
乡村	57 661	41.48
其中：男性	71 137	51.2
女性	67 871	48.8
其中：0~15岁（含不满16周岁）	24 719	17.8
16~59岁（含不满60周岁）	90 199	64.9

续表

指　　标	年末数（万人）	比重（%）
60周岁及以上	24 090	17.3
其中：65周岁及以上	15 831	11.4

资料来源：国家统计局. 2017年国民经济和社会发展统计公报[R]. 2018-02-28.

而为了更加准确地衡量养老所需要准备的资金，一般用平均余命来替代平均寿命。所谓平均余命，是指某年龄段的人今后尚能生存的平均寿命。我们通常说的人口平均寿命，是指出生婴儿的平均寿命，也可以说是0岁年龄段的人的平均余命。根据中国人寿保险业经验生命表（男女混合表1990—1993）的测算，我国人口平均寿命75.67岁，50岁的人平均余命为28.48岁，55岁的人平均余命为24.14岁，60岁的人平均余命为20.12岁，65岁的人平均余命为16.39岁，70岁的人平均余命为13.03岁。由此可见，50岁退休，要为退休生活准备28年多的养老资金，55岁退休也要准备24年多的养老资金，60岁退休要准备20年的养老资金。显然，这是一笔庞大的资金需求。

（三）医疗费用随年龄呈增长趋势，老年支出不断增加

随着自身年龄的增长，人们身体各项机能也会呈现出衰老的迹象，身体机能和抵抗力的下降、积劳成疾等多种因素都会导致一个人在老年时期的疾病发生率较年轻时更高，其相应的医疗费用支出也会随之增加。以2008年第四次国家卫生服务调查数据为例，居民在15~24岁区间两周患病率为4.97%，在55~64岁区间增长为32.27%，65岁以后增长为46.59%。可见，老年期间的患病率是15~24岁区间的近10倍，其医疗成本也会随着人的年龄增长、患病率的增加而增多。因此，"老"不仅意味着个人的身体状况不再适合劳动，使得收入来源中断或减少，也意味着疾病、行动不便，使得医疗费用、护理费用等支出不断增加，进而面临生活甚至生存困境。

（四）家庭小型化使得传统的家庭养老保障功能弱化

人口寿命延长的同时，生育率[①]大幅降低，全球出生率从1800年每个育龄女性的平均生育6个孩子降到1900年平均生育5.2个孩子和2000年的平均生育2.7个孩子。我国从20世纪70年代开始实行计划生育政策，加速了这一过程的转变。总的生育率从1950年每个妇女平均生育5.7个孩子减少到1979年的2.8个孩子和2000年的1.22个孩子。《中国家庭发展报告2014》显示，在20世纪50年代之前，家庭户均人数基本保持在5.3人的水平上。2012年居民家庭户的平均规模为3.02人。中国已是平均家庭规模较小的国家。目前，中国有65岁以上老人的家庭已超过8 800万户，占全国家庭户的比重超过20%。

随着多代家庭的解体和家庭规模的缩小，依靠家族来抵御风险的条件也不再存在，依靠内部转移的家庭养老功能逐步弱化。此外，老人独居家庭、留守家庭、失独家庭等一些特殊家庭的养老问题较突出。《中国老龄事业发展报告(2013)》显示，中国空巢老年人口规模继续上升，2012年为0.99亿人，2013年突破1亿人大关。在空巢家庭中，无子女老年人和失独老年人开始增多。2012年，中国至少有100万个失独家庭，且每年以约7.6万个的数量持续增加。

自我国实施计划生育政策以来，"421"（4个老人、2个年轻人和1个孩子）家庭逐渐成为我国的主流家庭模式，即一对夫妇在供养四位老人的同时，还要抚养一个孩子。而社会竞争的加剧让相当数量的子女在自身条件的限制和压力下，没有时间或者经济能力照顾老人。《中国青年报》社会调查中心所做的一项独生子女赡养父母调查显示，74.1%的人表示生活工作压力大，照顾父母力不从心；68.4%的人表示要承担多位老人的养老负担；50.1%的人表示生活在两地无法把父母接到身边照顾。这些变化使得最基本、最传统的家庭养老功能越来越弱化。

[①] 生育率，也称育龄妇女生育率，是指总出生数与相应人口中育龄妇女人数之间的比率。

二、生命周期假说与养老保障需求

（一）生命周期假说

综上，在"未富先老"的大背景下，我们不得不更加慎重地面对"老"的风险，未雨绸缪，提早规划。那么，我们需要为退休准备多少养老金呢？生命周期假说给出了养老金需求的理论基础。

生命周期假说又称消费与储蓄的生命周期假说，是由美国经济学家弗兰科·莫迪利安尼（Franco Modigliani）、理查德·布伦伯格（Richand Brumberg）和阿尔伯特·安东（Alberto Ando）共同提出的。

生命周期假说的出发点是消费者是理性的，能以合理的方式使用自己的收入，进行消费，且追求的是其生命周期内一生效用的最大化。这样，理性的消费者能够根据效用最大化的原则使用其一生的收入来安排自己的消费与储蓄，使一生的收入与消费相等。

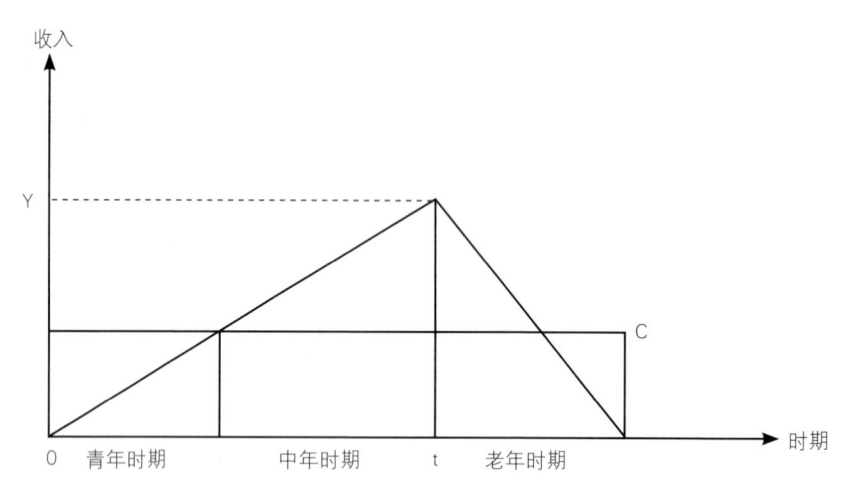

图3-1 生命周期假说

如图3-1所示，生命周期假说将人的一生分为青年时期、中年时期和老年时期三个阶段。

一般来说，在青年时期，收入低，但因为未来收入会增加，因此，在这一阶段，往往会把收入的绝大部分用于消费，有时甚至举债消费，导致消费大于收入（C>Y）。在中年时期随着年龄的不断增长，收入不断增加，消费在收入中所占的比例逐步降低，收入大于消费（Y＞C），进而将一部分收入逐步储蓄积累起来。退休以后，收入迅速下降甚至将为0，消费又会超过收入（C＞Y）。因此，老年时期的消费主要是依靠前期的储蓄积累。人的生命周期内效用最大化的安排就是生命周期内的收入与消费支出的平衡。

（二）养老保障需求

退休之后的消费支出不仅包括基本养老生活，还包括医疗、护理费用等的支出。因此，按照"以支定收、收支平衡"的原则，我们需要先分析一下人的养老保障需求。

1. 基本养老生活的养老金需求

一个人退休后，不论他选择何种生活方式，没有一定的物质基础，一切都是不现实的。有关研究表明，一个退休人员需要的衣、食、住、行等基本生活费用约占老年时期费用支出的54%。也就是说，如果知晓本地区老年人衣、食、住、行基本生活的平均水平，那么老年时期的养老金需求就需要翻倍，进而依据人口的预期寿命、经济发展的趋势、财政收支的变化趋势、物价的变化趋势等的分析，可以基本判断出未来养老金的需求缺口。

2. 医疗、护理费用支出的养老金需求

虽然维持基本的养老生活所需要的金额每个人都是不一样的，但是不难发现，这笔钱对每一个人而言，都将会是一笔不小的负担。除此之外，更需要考虑的是，人在老年时期的医疗费用和护理费用支出会显著增加，这笔费用在老年人的生活消费支出中的占比也会较年轻时更高，也是人们在准备养老金时需要重点考虑的支出项。

一方面，随着物价水平的提高、人们对医学依赖程度的增加，以及因环境恶化等因素引起的自身抵抗力的下降等原因，使得人们的疾病发生率、医院就诊率和住院率及相关的费用均随着时间的推移呈正增长的趋势；另一方面，随着人们年龄的增长，身体各项功能的下降以及各种急慢性疾病的发生，老年人独立生活能力退化，需要更多的悉心照料以及专业的护理服务，护理费用支出往往也会急速增加。

长期护理不同于一般的医疗服务，其主要目的并非治愈疾病、恢复健康，而是在较长一段时间内，为老年人提供一整套包括日常生活照料和健康护理在内的综合服务。国家老龄委专门在北京针对60岁以上老年人口进行了一次调查，数据分为城市和农村两个部分，调查对象为60岁以上老年人口，城市和农村的样本量分别为1 250人和458人。调研结果显示，随着年龄的增长，老年人所需要的人均护理天数迅速增加，60~69岁老人每年需要的护理时间为13.4天；70~79岁老人每年需要34.2天；80岁以上的老人每年需要护理的时间为102天。

根据"护工费用=护工单位时间需要费用×所需护理时间"的计算法则，如果按护工市场费用100~200元/天的费用标准计算，则60~69岁老人每年需要的护理费用大概为1 340~2 680元；70~79岁为3 420~6 840元；80岁以上为10 200~20 400元。同样，因为地区不同，各个市场的护工收费标准也会有差异。护理实际产生的费用与当地市场护工的收费呈正比例变化趋势。

总之，作为养老日常支出中非常重要的一部分，每一个人在准备自身养老金的时候，都需要充分考虑到医疗费用和护理费用支出这两项因素对养老金需求的影响。

三、养老保险

（一）三支柱的养老保险体系

养老保险的"三支柱模式"是国际通行的养老保险模式。三支柱分别指作为第一支柱的基本养老保险，作为第二支柱的补充养老保险（含企业年金和职业年金），作为第三支柱的个人购买的商业养老保险。

1. 基本养老保险

基本养老保险是国家根据一定的法律和法规，为解决劳动者在达到国家规定的解除劳动义务的劳动年龄界限，或因年老丧失劳动能力退出劳动岗位后的基本生活而建立的一种社会保险制度。基本养老保险的目的是为保障老年人的基本生活需求，为其提供稳定可靠的生活来源。其内涵包括以下四个层面：

一是强制性。基本养老保险制度是国家根据本国经济社会发展需要，通过法律形式加以规范和强制，要求对覆盖在内的国民强制参加的一种社会保险制度。强制性决定了基本养老保险的管理组织者必须是政府。公民是否参加和缴费是由法律规定并由政府强制执行，而不是建立在个人自愿选择的基础上的。

二是普遍性。随着经济社会的发展、国家财力的增强，各国都在尽力扩大养老保险的覆盖范围，由"广覆盖"到"全覆盖"，使社会所有成员能平等享有基本养老保险这一基本权利，政府也有义务提供这种保障。

三是社会性。基本养老保险体现国家的再分配功能，是一项重要的社会政策，是以国家为主体组织实施、在全社会实行统一的养老保险制度，在一定范围内进行统筹调剂养老金并逐步提高统筹层次，实行社会化管理，以此实现国家主导的公平收入分配、稳定社会经济发展的目的。此外，根据各国基本养老保险制度的改革实践可知，基本养老保险制度还具有提高储蓄率、加快资本市场形成和促进经济发展等多种功能。

四是对应性。基本养老保险的对应性是指养老保险权利与义务相对应，要想享受养老权利，必须履行缴费义务。但又不同于个人报酬对等原则，即投保人所得到的津贴直接取决于他所缴纳的保费，津贴的精算标准完全等于缴费的精算标准。一般而言，养老金水平通常与个人退休前的平均工资呈正相关关系。养老金替代率是衡量劳动者退休前后生活保障水平差异的基本指标之一，是劳动者退休时的养老金领取水平与退休前工资收入水平之间的比率。

世界银行建议，要基本维持退休前的生活水平不下降，养老替代率需不低于70%。国际劳工组织建议养老金替代率最低标准为55%。[①]也就是说，如果退休后的养老金替代率大于70%，即可维持退休前的生活水平；如果低于55%，则生活水平较退休前会有大幅下降。

2. 补充养老保险

补充养老保险，通常被称为养老保险的第二支柱，主要是指企业年金和职业年金，是企业在依法参加基本养老保险的基础上，自愿建立的一种企业补充养老金计划，又称为企业退休金计划或职业养老金计划。

---

① 我国企业养老金替代率已跌破国际警戒线 退休差距有扩大之势[N]. 人民网-时政频道，2013-11-01.

企业年金的建立可以在相当程度上提高劳动者退休后的养老金待遇水平，解决由于基本养老金替代率逐年下降而造成的退休前后的较大收入差距问题，满足劳动者退休后享受较高生活质量的客观需求。同时，企业年金的建立不仅是对第一支柱养老保险的有力补充，也是企业稳定职工队伍、吸引高素质人才、增强企业竞争力和凝聚力的重要手段。

按照马斯洛需求层次理论，人们的需求从低到高分为生理需求、安全需求、社会需求、个人尊严和自我实现。企业年金一方面是劳动者退休生活保障的重要补充形式，能够保障劳动者退休后的生活品质，增强安全感和归属感，满足劳动者的安全需求；另一方面还可以提高员工的荣誉感和成就感，满足劳动者的个人尊严需求，是提高公司核心竞争力的一个重要手段。

3. 个人养老保险

个人养老保险又称为退休金保险，主要是指个人购买的以获得养老金为主要目的的商业养老保险，是一种长期人身保险，也是年金保险的一种特殊形式。个人养老保险的被保险人在交纳了一定的保险费以后，就可以从一定的年龄开始领取养老金。

个人养老保险可以帮助人们实现财务自主规划，在年轻时做好年老时的准备。一方面，可以自主参与投保，有效解决企业补充养老保险覆盖率低的问题；另一方面，可以自主选择保障额度，有效弥补基本养老保险替代率低的问题，真正实现财务自由，保障充足的养老金来源。总之，个人养老保险是民生的"必需品"，其存在的价值就在于让有意愿、有能力的人享受更好的生活，解决的是"个性化"的养老需求。

（二）养老保险的筹集方式

养老保险基金筹集方式主要包括现收现付制、基金积累制和混合制三种形式。

1. 现收现付制

现收现付制是一种以同一时期的在职劳动者缴费支付退休人员的养老金，使收入与支出在年度内大体平衡，略有节余的筹资模式。

现收现付制以横向平衡原则为依据，是由下一代人养上一代人，因此具有代际之间的收入再分配功能，体现养老保险负担的代际转移。主要优点包括：测算期间短，测算技术简便；不需要大量积累，没有投资问题，管理比较方便；周期较短，可以避免通货膨胀的严重影响；容易纳入国家年度财政预算等。

但是，现收现付制也存在一些缺点，例如，需要一个长期稳定的人口结构，难以应对人口老龄化带来的社会风险；养老保险负担的代际转移难以准确体现，而且容易造成劳动者代际之间的矛盾等。

2. 基金积累制

基金积累制通常是一种以"个人账户"的方式将工作期间缴纳的养老保险费储存积累起来，用于退休后的养老金开支的养老保险筹资模式。

基金积累制从长期平衡的角度出发，属于自我积累、强制储蓄，体现的是一种纵向的平衡。

基金积累制的主要优点是：强调自我保障，能够预防人口老龄化的冲击；体现效率原则，激励机制强，透明度高。不足之处在于：完全的依靠个人积累，缺乏代际再分配问题；容易受工资变化、失业、通货膨胀等不确定因素的影响；基金积累制的有效性依赖于资本市场的完善。

3. 混合制

混合制也称为部分积累模式，是现收现付制与基金积累制的混合体。由于组合方式不同，可以有不同的混合模式，例如，以现收现付制为主的混合模式，以积累制为主的混合模式等。

混合制试图通过弹性费率来保持养老保险基金在一定时期内的收支平衡，既能满足一定时期内的养老保险基金支出，又能有一定的基金积累；既不会超过企业与劳动者个人的经济承受能力，又因阶梯时间不太长而易预测，面临的保值增值压力不会太大。理论上讲，这种形式可以规避现收现付制与基金积累制的短处，充分发挥两种制度模式的长处。但实际上，混合制下养老保险基金的运行和管理难度更大。

（三）养老保险缴费模式

养老保险缴费模式主要包括给付确定模式和缴费确定模式两种方式。

1. 给付确定模式

给付确定模式（defined benefit），又称DB模式，是指根据事先为劳动者确定的一个退休后生活水平标准，测算养老保险费的缴费标准的一种方式。简单地讲，就是先确定未来月领养老金的金额，然后测算当期应该缴纳的养老保险费的金额。

DB模式遵循的是以支定收的原则，养老金计划参与者在退休后每月领取的养老金数量是事先确定好的，收入更稳定，无须考虑市场风险、长寿风险等因素；养老金计划发起人或管理人需要承担投资风险，而且对其的管理要求高。

2. 缴费确定模式

缴费确定模式（defined contribution），又称DC模式，是指直接确定养老保险费的缴费比例或标准，然后按照这个缴费标准来筹集并积累养老保险基金，退休后根据所积累的养老保险基金来确定月领养老金标准的一种方式。

DC模式实质上是以收定支，养老金计划参与者的缴费确定但是未来月领养老金却是不确定的，参与者需要自己承担投资风险。相比较而言，DC模式实施较为容易，管理成本较低，会计处理也比较简单，对劳动力流动的障碍也相对较小。

第二节
基本养老保险制度

一、基本养老保险概述

（一）基本养老保险的概念和特点

基本养老保险是社会保障制度的重要组成部分，是社会保险最重要的项目之一，是国家根据法律法规的规定，强制建立和实施的一种社会保险制度。在这一制度下，用人单位和劳动者必须依法缴纳养老保险费，在劳动者达到国家规定的退休年龄或因其他原因而退出劳动岗位后，社会保险经办机构依法向其支付养老金等待遇，从而保障其基本生活。基本养老保险主要包含三层含义：基本养老保险是在法定范围内的老年人完全或基本退出社会劳动生活后才产生的（法定的年龄界限各国有不同的衡量标准）；基本养老保险的目的是为保障老年人的基本生活需求，为其提供稳定、可靠的生活来源；基本养老保险是以社会保险为手段来达到保障的目的。

基本养老保险是法律赋予公民的基本权利，也是世界各国普遍实行的一种社会保障制度，一般具有以下几个特点：

一是由国家立法强制实行，企业单位和个人都必须参加，符合养老条件的人，可向社会保险部门领取养老金。

二是基本养老保险的保费一般由国家、单位和个人三方或单位和个人双方共同负担,并实现了广泛的社会互济。

三是基本养老保险具有社会性,影响大、享受人多、时间较长、费用支出庞大,因此,必须设置专门机构,实行现代化、专业化、社会化的统一规划和管理。

(二) 基本养老保险的设计原则

世界各国由于政治、经济和文化背景不同,基本养老保险制度实施的类型也有差异。但各国在建立这一制度时,都遵循如下七大设计原则。

1. 广覆盖原则

养老风险毫无疑问是劳动者最具普遍性的风险,由此决定了其覆盖面应该是最广的,应包括尽可能多的劳动者。

2. 权利和义务相对应的原则

基本养老保险制度参保人员只有履行规定的义务,才能享受规定的养老保险待遇。这些义务主要包括依法参加基本养老保险,依法缴纳基本养老保险费并达到规定的最低缴费年限。基本养老保险待遇以养老保险缴费为条件,并与缴费的时间长短和数额多少直接相关。

3. 保障基本生活水平的原则

基本养老保险的目的是对劳动者退出劳动领域后的基本生活予以保障,保障老年人在晚年有一个稳定可靠的生活来源。这一原则更多强调社会公平,有利于低收入阶层。一般而言,低收入人群基本养老金替代率相对较高,而高收入人群替代率则相对较低。由于老年人领取养老金不是一次性的,往往采取终身、定期给付的形式。在给付期间不可避免地会出现物价上涨或通货膨胀的情况。为保障退休者的实际生活水平与整个社会消费水平相适应,国家需要根据物价和通货膨胀率的变动情况,按照一定的指数标准调整养老金水平。同时,劳动者还可以通过参加补充养老保险和个人储蓄性养老保险获得更高的养老收入。

4. 分享社会经济发展成果的原则

随着社会经济的发展,社会平均消费水平总是不断提高的,而退休人员的生活水平则有可能相对下降。因此,有必要建立基本养老金调整机制,使退休人员的收入水平随着经济的发展和职工工资水平的提高而不断提高,以分享社会经济发展的成果。因为老一代人过去的努力为当前经济发展奠定了基础,创造了条件,作出过贡献,因而他们有理由分享经济发展成果。因此,基本养老金的标准应当随着经济发展、社会进步等因素的变化而提高。

5. 公平与效率兼顾的原则

自从基本养老保险机制建立以来,公平与效率一直是人们争论的焦点。公平原则就是通过基本养老保险制度实现收入的再分配,以体现社会公平。基本养老保险中的公平原则主要体现在两个方面,一是实际存在的代际抚养关系;二是许多国家实行的基本养老金随经济发展而向上调整以分享经济发展成果的政策、基本养老金与工资报酬关联的累退制等方面。效率的原则是指,一个有效率的基本养老保险制度,就是要用最小的经济成本实现已达成社会共识的基本养老保险制度的目标。没有明确的目标就有可能引起政策的混乱,造成社会的不安,付出高昂的社会成本。在制度目标清晰的情况下,如果制度设计不当,也可能造成制度运行的经济成本过高,资源严重浪费。因此,基本养老保险制度的设计要寻求社会公平与效率的平衡点,实现公平与效率的统一。

6. 管理服务的社会化原则

按照政事分开的原则,政府委托或设立机构管理养老保险实务和基金。要建立独立于企事业单位之外的基本养老保险制度,就必须对养老金实行社会化开发,并依托社区开展退休人员的管理服务工作。

7. 经济援助与服务相结合的原则

根据老年人的生理和身体特点,其要想获得健康、正常的生活,不但需要有稳定的生活来源、一定的经济基础,更要有符合老年人生活需要的服务相配合。而各国基本养老保险的水平都不能完全保证每个老年人都有条件雇用保姆或家政服务人员,因此,基本养老保险在向老年人提供经济帮助的同时,有必要向他们提供一些必需的服务项目。全球老龄化问题日益严重,基本养老保险能否结合好经济和社会发展,严重影响着养老保险的实施效果,关系到养老问题在多大程度上能够得以解决。

二、我国的基本养老保险制度

目前，我国已经基本建立起了涵盖企业职工、城乡居民和机关事业单位人员的多层次养老保险体系框架，如图3-2所示。其中，第一支柱是涵盖企业职工、城乡居民和机关事业单位人员的基本养老保险制度。

第一支柱	企业职工基本养老保险制度	城乡居民基本养老保险制度	机关事业单位基本养老保险制度
第二支柱	企业年金		职业年金
第三支柱	商业养老保险		

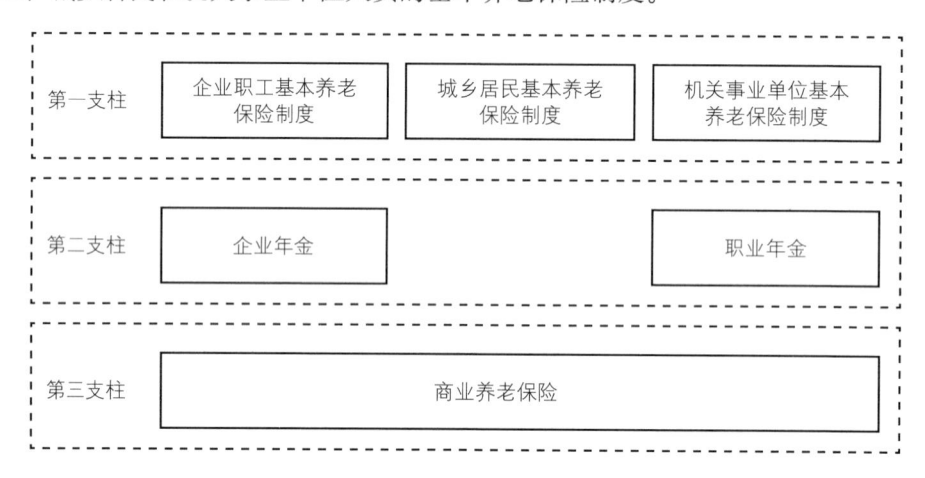

图3-2 多层次的养老保险体系

（一）企业职工基本养老保险制度

自1979年我国经济体制改革以后，国家针对传统的退休养老制度的弊端，进行了一系列的改革，主要是实行了养老保险费用社会统筹，建立劳动合同制工人养老保险制度，养老保险基金实行国家、企业和个人三方负担，引入个人缴费机制，并在基本养老保险制度中实行统账结合的部分积累模式。

20世纪80年代初，在改革开放的前沿深圳，由于用工制度改革，实行了合同制用工的方式，与此相适应的是率先引入了基本养老保险个人缴费制度。1986年，全国实行劳动合同制度，规定劳动合同制工人按本人标准工资的3%缴纳养老保险费，一改过去完全由国家和企业负担，首次在全国建立个人缴费制度。

1991年6月，国务院发布了《关于企业职工养老保险制度改革的决定》，明确规定养老保险实行社会统筹，费用由国家、企业和职工三方负担，职工个人按本人工资的3%缴纳养老保险费，基金实行部分积累，并开始探索建立国家基本养老保险、企业补充养老保险和个人储蓄性养老保险相结合的多层次养老保险体系。

中共十四届三中全会《关于建立社会主义市场经济体制若干问题的决定》明确提出养老、医疗保险制度改革实行"社会统筹与个人账户相结合"的模式。

1995年3月，国务院发布了《关于深化企业职工养老保险制度改革的通知》，进一步明确统筹结合是我国城镇企业职工基本养老保险制度改革的方向。当时个人账户资金占缴费比例大小问题成为一些部门和学者争议的焦点，最后，国务院下发的方案包括两个，大的个人账户（16%）与小的个人账户（10%）由各地自主选择。之后，在此基础上，全国形成的基本养老保险方案超过百种。

1997年7月16日，国务院颁布了《关于建立统一的企业职工基本养老金保险制度的决定》，以便解决因改革办法的多样化所导致养老保险制度和养老保险基金分散管理的问题，树立中央政策的统一性和权威性。该决定规定，按职工工资的11%建立养老保险个人账户，其中个人缴费8%（4%起步，每两年提高1个百分点，逐步到位），企业缴费划入3%。企业缴费（含划入个人账户部分）的费率不得超过20%。

2005年12月3日，在充分调查研究和总结过去20年来养老保险改革经验基础上，国务院发布了《关于完善企业职工基本养老保险制度的决定》，对当前和今后建立起适合我国国情、实现可持续发展的基本养老保险制度做了全面改革规定。在养老金计发办法改革中，采取新人新办法、老人老办法、中人逐步过渡。基础性养老金享受比例与缴费年限挂钩，每缴一年增发一个百分点，上不封顶，计发基数也与本人历年缴费工资挂钩，使过去基础退休金与缴费年限无关、实行统一享受比例和统一工资基数的平均主义有所改变。其次，个人账户养老金改变以往与退休年龄无关、统一为1/120的支取比例的做法，根据退休年龄，按实际余命计算，保证退休晚的领取比例高。通过这两项调整，基本养老保险的激励约束机制得到增强，"多工作、多缴费、多得养老金"，权利与义务对应关系更加合理，并从机制上控制提前退休和少报、少缴养老保险费。

（二）城乡居民基本养老保险制度

改革开放之前，农村孤寡老人主要依靠农村集体经济建立的"五保"制度，由于生产力水平低下，又缺乏国家财政支持，保障水平极低。改革开放之后，农村推行家庭承包责任制，导致农村集体经济瓦解，原先以集体经济为基础的尽管水平极低的养老保障制度面临严重挑战。20世纪80年代后期，民政部开始探索建立我国农村养老保险制度，并进行试点。90年代初期，开始在全国推广。1999年，由于机构改革及利率大幅下调，加之依靠农民自己缴费，没有政府补贴的制度难以为继，国务院下发《批转整顿保险业工作小组保险业整顿与改革方案的通知》（国发〔1999〕14号），以目前我国农村尚不具备普遍实行社会保险的条件为由，对之前开展的业务进行清理整顿。

2009年下半年，国务院决定开展新型农村社会养老保险试点，最大的特点是采取个人缴费、集体补助和政府补贴相结合的模式，有三个筹资渠道，是保障农村老年基本生活的一种社会保险制度。

2011年启动城镇居民养老保险试点，年满16周岁(不含在校学生)、不符合职工基本养老保险参保条件的城镇非从业居民可以在户籍地自愿参加城镇居民养老保险。

这两种养老保险制度在设计上非常相像，比如，都设立了个人账户，个人向账户里缴费，缴费方式也类似，其中新型农村社会养老保险每人每年缴费从100元到500元不等，共有5档选择，城镇居民养老保险每人每年从100元到1 000元有10档选择；两种制度养老金发放方式也类似，都是到60岁就每人每月固定开始领取养老金。

2014年2月21日，国务院发布《关于建立统一的城乡居民基本养老保险制度的意见》（国发〔2014〕8号），将新型农村社会养老保险和城镇居民社会养老保险制度合并实施，建立了全国统一的城乡居民基本养老保险制度。

（三）机关事业单位基本养老保险制度

1955年，因为国家机关工作人员与企业职工计算工龄办法不同，工资标准也有差别，因此，在国家机关工作人员中还不能立即实行劳动保险条例，国务院出台了《国家机关工作人员退休处理暂行办法》，各民主党派、各人民团体和国家机关所属的事业费开支的单位，都可以参照执行，国家机关、事业单位工作人员基本养老保险制度正式建立。1978年，国务院下发《关于安置老弱病残干部的暂行办法》，基本确立了干部退休制度，其内容包括退休条件、退休待遇和抚恤善后等。

2015年，根据《社会保险法》等相关规定，为统筹城乡社会保障体系建设，建立更加公平、可持续的养老保险制度，国务院决定改革机关事业单位工作人员养老保险制度，发布《关于机关事业单位工作人员养老保险制度改革的决定》（国发〔2015〕2号）。该决定实现了"一个统一"，即"机关事业单位与企业等城镇从业人员统一实行社会统筹和个人账户相结合的基本养老保险制度，都实行单位和个人缴费，都实行与缴费相挂钩的养老金待遇计发办法"；"五个同步"，即"机关与事业单位同步改革、职业年金与基本养老保险制度同步建立、养老保险制度改革与完善工资制度同步推进、待遇确定机制与调整机制同步完善、改革在全国范围同步实施"，保证了改革顺利推进。

自此，我国形成城镇职工和城乡居民基本养老保险并行的两大制度平台，并可相互衔接，从而构建起完整的城乡养老保险制度体系。2017年末，全国参加基本养老保险人数达到91 548万人，其中全国参加城镇职工基本养老保险人数达到40 293万人，城乡居民基本养老保险参保人数达到51 255万人。[①]

三、我国的补充养老保险制度

目前国家所设计的补充养老保险制度，包括针对企业职工的企业年金和针对机关事业单位工作人员的职业年金。

（一）企业年金

根据2017年修订的《企业年金办法》的相关规定，企业年金是指企业及其

---

① 资料来源：人力资源和社会保障部.2017年度人力资源和社会保障事业发展统计公报[R].

职工在依法参加基本养老保险的基础上，自主建立的补充养老保险制度。

企业年金的建立可以在相当程度上提高职工退休后的养老金待遇水平，发挥其对于基本养老保险的补充作用。建立企业年金不仅是劳动者退休生活保障的重要补充形式，也是企业调动职工积极性、吸引高素质人才、稳定职工队伍、增强企业竞争力和凝聚力的重要手段。

虽然国家鼓励企业建立企业年金，但是并不是所有企业都能够建立企业年金。2017年末全国只有8.04万户企业建立了企业年金，参加职工人数为2 331万人，仅占城镇就业人口的5%。[①]这主要是因为建立企业年金，一是要根据自身经济实力和经济状况自愿建立，二是企业要与职工一方通过集体协商确定，并制定企业年金方案。

（二）职业年金

根据《机关事业单位职业年金办法》的相关规定，职业年金是指机关事业单位及其工作人员在参加机关事业单位基本养老保险的基础上，建立的补充养老保险制度。

职业年金的功能和企业年金基本一致，主要有：

第一，补充养老。这是职业年金的基本功能。职业年金就是为机关事业单位工作人员未来的退休养老做准备，以避免基本养老保险不足时所带来的生活水平的下降，是机关事业单位工作人员基本养老保险的补充。

第二，福利激励。对于机关事业单位来说，职业年金实质上也是人力资源管理的一个重要手段或工具，可以稳定单位工作人员队伍，吸引和留住一些优秀管理和技术人才，提高单位的综合实力。

---

① 资料来源：人力资源和社会保障部、2017年度人力资源和社会保障事业发展统计公报[R].

第三节
基本养老保险的政策内容

一、企业职工基本养老保险的政策内容

（一）筹资政策

2005年，国务院下发《关于完善企业职工基本养老保险制度的决定》（国发〔2005〕38号），要求城镇各类企业职工、个体工商户和灵活就业人员都要参加企业职工基本养老保险。职工基本养老保险采用社会统筹与个人账户相结合的方式，基本养老保险费由企业和个人共担。

1. 企业缴费比例

1991年国务院下发的《关于企业职工养老保险制度改革的决定》（国发〔1991〕33号）规定，企业缴纳的基本养老保险费，按本企业职工工资总额和当地政府规定的比例在税前提取，由企业开户银行按月代为扣缴。企业逾期不缴，要按规定加收滞纳金。滞纳金并入基本养老保险基金。

1997年，国务院下发《关于建立统一的企业职工基本养老保险制度的决定》（国发〔1997〕26号），进一步明确企业缴纳基本养老保险费的比例一般不得超过企业工资总额的20%（包括划入个人账户的部分），确需超过企业工资总额20%的，应报劳动部、财政部审批。

2. 个人缴费比例

1991年国务院下发《关于企业职工养老保险制度改革的决定》，规定职工个人缴纳基本养老保险费在调整工资的基础上逐步实行，缴费标准开始时可不超过本人标准工资的3%，以后随着经济的发展和职工工资的调整再逐步提高。职工个人缴纳的基本养老保险费，由企业在发放工资时代为收缴。

1997年，国务院下发《关于建立统一的企业职工基本养老保险制度的决定》，进一步明确个人缴纳基本养老保险费的比例，1997年不得低于本人缴费工资的4%，1998年起每两年提高1个百分点，最终达到本人缴费工资的8%。同时，按本人缴费工资11%的数额为职工建立基本养老保险个人账户，个人缴费全部计入个人账户，其余部分从企业缴费中划入。随着个人缴费比例的提高，企业划入的部分要逐步降至3%。

为与做实个人账户相衔接，2005年，国务院下发《关于完善企业职工基本养老保险制度的决定》，规定从2006年1月1日起，个人账户的规模统一由本人缴费工资的11%调整为8%，全部由个人缴费形成，单位缴费不再划入个人账户。

3. 城镇个体工商户和灵活就业人员的缴费比例

《关于完善企业职工基本养老保险制度的决定》中进一步规定，城镇个体工商户和灵活就业人员参加基本养老保险的缴费基数为当地上年度在岗职工平均工资，缴费比例为20%，其中8%记入个人账户，退休后按企业职工基本养老金计发办法计发基本养老金。

（二）待遇结构类型

基本养老保险的待遇结构是指员工退休养老金的构成与决定因素。从中华人民共和国成立初期颁布《劳动保险条例》至今，我国基本养老保险的待遇结构主要有以下四类。

1. 退休时的基本工资（标准工资）×按参加工作的年限获得的享受比例

简称为"工资基数×享受比例"。退休金的高低完全取决于退休前的职务工资级别和根据参加工作的年限所获得的享受比例。

2. 退休时的基本工资×享受比例+各种补贴

"工资基数×享受比例"这种待遇结构适应了计划经济时代工资物价相对稳定、工资构成单一的情况,而且由于享受的比例很高,有的甚至高达100%,对退休干部和职工的生活起到了很好的保障作用。但随着改革开放,工资构成发生了很大变化,传统意义上的标准工资在工资总额中的占比逐渐缩小,有些地区甚至不足一半,而各种生活补贴占比越来越高。此时,在退休待遇结构中,也出现了一部分按照标准工资的一定比例发放,另一部分是各种补贴,即"退休时的基本工资×享受比例+各种补贴"这种类型。由于各种补贴的占比很高,而且每个人都相等,退休待遇逐渐平均化。

3. 基础养老金+个人账户养老金

1997年,国务院颁布了《关于建立统一的企业职工基本养老金保险制度的决定》,之后养老金的待遇结构变为"基础养老金+个人账户养老金",其中基础养老金的标准为职工退休时当地社会平均工资的20%;个人账户养老金的标准为个人账户累计额除以退休职工平均余命月数(120)。此外,还根据经济发展水平和在职职工工资的增长情况,逐步建立了养老金的调节机制。

4. 基础养老金+个人账户养老金+过渡性养老金

从2006年1月1日开始,新的养老保险待遇结构又发生了重大调整,尽管养老金的构成没有发生变化,但退休金的决定因素发生了变化。过去的制度里,基础退休金和缴费工资无关,也不论缴费时间长短,只要符合退休条件,大家都统一为社会平均工资的20%。新的基础养老金月标准以当地上年度在岗职工月平均工资和本人指数化月平均缴费工资的平均值为基数,缴费每满1年发给1%。与个人缴费工资和缴费年限挂钩,缴费工资越高,基础养老金的基数将越大,缴费时间越长,享受的比例越高,对缴费工资高和工作时间长的人更为有利,增加了制度的激励因素。过去个人账户养老金统一为个人账户积累额除以120,与退休年龄无关。新的个人账户养老金月标准为个人账户储存额除以计发月数,计发月数根据职工退休时城镇人口平均预期寿命、本人退休年龄、利息等因素确定,退休时间越晚,退休年龄越大,领取月数越少,月领金额越高。例如,50岁退休的人,月领比例为1/195;55岁退休的人,月领比例为1/170,而

60岁退休的人,月领比例为1/139。新制度与过去基本养老保险待遇计发办法最大的不同,在于引入了更大的激励机制。针对制度实施前的"中人",在前面"基础养老金+个人账户养老金"待遇结构中还设立了"过渡性养老金",保证"中人"在制度改革中养老保障利益不受损失,确保新老制度平稳过渡。

二、城乡居民基本养老保险制度的政策内容

根据国务院下发的《关于建立统一的城乡居民基本养老保险制度的意见》(国发〔2014〕8号),整合之后的统一的城乡居民基本养老保险制度的主要内容包括以下几个方面。

(一) 参保范围

年满16周岁(不含在校学生)、非国家机关和事业单位工作人员及不属于职工基本养老保险制度覆盖范围的城乡居民,可以在户籍地参加城乡居民养老保险。

(二) 基金筹集

城乡居民养老保险基金由个人缴费、集体补助、政府补贴构成。

1. 个人缴费

参加城乡居民养老保险的人员应当按规定缴纳养老保险费。缴费标准目前设为每年100元、200元、300元、400元、500元、600元、700元、800元、900元、1 000元、1 500元、2 000元12个档次,省(自治区、直辖市)人民政府可以根据实际情况增设缴费档次,最高缴费档次标准原则上不超过当地灵活就业人员参加职工基本养老保险的年缴费额,并报人力资源和社会保障部备案。人力资源和社会保障部会同财政部依据城乡居民收入增长等情况适时调整缴费档次标准。参保人自主选择档次缴费,多缴多得。

2. 集体补助

有条件的村集体经济组织应当对参保人缴费给予补助,补助标准由村民委

员会召开村民会议民主确定，鼓励有条件的社区将集体补助纳入社区公益事业资金筹集范围。鼓励其他社会经济组织、公益慈善组织、个人为参保人缴费提供资助。补助金额不超过当地设定的最高缴费档次标准。

3. 政府补贴

政府对符合领取城乡居民养老保险待遇条件的参保人全额支付基础养老金，其中，中央财政对中西部地区按中央确定的基础养老金标准给予全额补助，对东部地区给予50%的补助。地方人民政府应当对参保人缴费给予补贴，对选择最低档次标准缴费的，补助标准不低于每人每年30元；对选择较高档次标准缴费的，适当增加补贴金额；对选择500元及以上档次标准缴费的，补贴标准不低于每人每年60元，具体标准和办法由省（自治区、直辖市）人民政府确定。对重度残疾人等缴费困难群体，地方人民政府为其代缴部分或全部最低标准的养老保险费。

（三）建立个人账户

国家为每个参保人员建立终身记录的养老保险个人账户，个人缴费、地方人民政府对参保人的缴费补贴、集体补助及其他社会经济组织、公益慈善组织、个人对参保人的缴费资助，全部记入个人账户。个人账户储存额按国家规定计息。

（四）养老保险待遇及调整

城乡居民养老保险待遇由基础养老金和个人账户养老金构成，支付终身。

1. 基础养老金

中央确定基础养老金最低标准，建立基础养老金最低标准正常调整机制，根据经济发展和物价变动等情况，适时调整全国基础养老金最低标准。地方人民政府可以根据实际情况适当提高基础养老金标准，对长期缴费的可适当加发基础养老金，提高和加发部分的资金由地方人民政府支出，具体办法由省（自治区、直辖市）人民政府规定，并报人力资源社会保障部备案。

2.个人账户养老金

个人账户养老金的月计发标准，目前为个人账户全部储存额除以139（与现行职工基本养老保险个人账户养老金计发系数相同）。参保人死亡的，个人账户资金余额可以依法继承。

（五）养老保险待遇领取条件

参加城乡居民养老保险的个人，年满60周岁、累计缴费满15年，且未领取国家规定的基本养老保障待遇的，可以按月领取城乡居民养老保险待遇。

新型农村社会养老保险或城镇居民养老保险制度实施时已年满60周岁，在《关于建立统一的城乡居民基本养老保险制度的意见》国发〔2014〕8号文印发之日前未领取国家规定的基本养老保障待遇的，不用缴费，自实施之月起，可以按月领取城乡居民养老保险基础养老金；距规定领取年龄不足15年的，应逐年缴费，也允许补缴，累计缴费不超过15年；距规定领取年龄超过15年的，应按年缴费，累计缴费不少于15年。

城乡居民养老保险待遇领取人员死亡的，从次月起停止支付其养老金。有条件的地方人民政府可以结合本地实际探索建立丧葬补助金制度。社会保险经办机构应每年对城乡居民养老保险待遇领取人员进行核对，村（居）民委员会要协助社会保险经办机构开展工作，在行政村（社区）范围内对参保人待遇领取资格进行公示，并与职工基本养老保险待遇等领取记录进行比对，确保不重、不漏、不错。

（六）转移接续与制度衔接

参加城乡居民养老保险的人员在缴费期间户籍迁移、需要跨地区转移城乡居民养老保险关系的，可在迁入地申请转移养老保险关系，一次性转移个人账户全部储存额，并按迁入地规定继续参保缴费，缴费年限累计计算。已经按规定领取城乡居民养老保险待遇的，无论户籍是否迁移，其养老保险关系不转移。

城乡居民养老保险制度与职工基本养老保险、优抚安置、城乡居民最低生活保障、农村五保供养等社会保障制度以及农村部分计划生育家庭奖励扶助制度的衔接，按有关规定执行。

（七）基金管理和运营

将新型农村社会养老保险基金和城镇居民养老保险基金合并为城乡居民养老保险基金，完善城乡居民养老保险基金财务会计制度和各项业务管理规章制度。城乡居民养老保险基金纳入社会保障基金财政专户，实行收支两条线管理，单独记账、独立核算，任何地区、部门、单位和个人均不得挤占挪用、虚报冒领。各地要在整合城乡居民养老保险制度的基础上，逐步推进城乡居民养老保险基金省级管理。城乡居民养老保险基金按照国家统一规定投资运营，实现保值增值。

（八）基金监督

各级人力资源社会保障部门要会同有关部门认真履行监管职责，建立健全内控制度和基金稽核监督制度，对基金的筹集、上解、划拨、发放、存储、管理等进行监控和检查，并按规定披露信息，接受社会监督。财政部门、审计部门按各自职责，对基金的收支、管理和投资运营情况实施监督。对虚报冒领、挤占挪用、贪污浪费等违纪违法行为，有关部门按国家有关法律法规严肃处理。要积极探索有村（居）民代表参加的社会监督的有效方式，做到基金公开透明，制度在阳光下运行。

（九）经办管理服务与信息化建设

省（自治区、直辖市）人民政府应结合本地实际，科学整合现有公共服务资源和社会保险经办管理资源，充实加强基层经办力量，做到精确管理、便捷服务。要注重运用现代管理方式和政府购买服务方式，降低行政成本，提高工作效率。要加强城乡居民养老保险工作人员专业培训，不断提高公共服务水平。社会保险经办机构要认真记录参保人缴费和领取待遇情况，建立参保档案，按规定妥善保存。地方人民政府要为经办机构提供必要的工作场地、设施设备、经费保障。城乡居民养老保险工作经费纳入同级财政预算，不得从城乡居民养老保险基金中开支。基层财政确有困难的地区，省、市级财政可给予适当补助。

各地在现有新型农村社会养老保险和城镇居民养老保险业务管理系统基础上，整合形成省级集中的城乡居民养老保险信息管理系统，纳入"金保工程"建设，并与其他公民信息管理系统实现信息资源共享。要将信息网络向基层延伸，实现省、市、县、乡镇（街道）、社区实时联网，有条件的地区可延伸到行政村；要大力推行全国统一的社会保障卡，方便参保人持卡缴费、领取待遇和查询本人参保信息。

三、机关事业单位基本养老保险制度的政策内容

根据《关于机关事业单位工作人员养老保险制度改革的决定》，按照《公务员法》管理的单位、参照《公务员法》管理的机关（单位）、事业单位及其编制内的工作人员都必须参加机关事业单位养老保险，实行社会统筹与个人账户相结合的基本养老保险。

（一）筹资政策

制度规定单位及其工作人员都要缴纳养老保险费，基本养老保险费由单位和个人共同负担。单位缴纳基本养老保险费的比例为本单位工资总额的20%，个人缴纳基本养老保险费的比例为本人缴费工资的8%。按本人缴费工资8%的数额建立基本养老保险个人账户，全部由个人缴费形成。个人缴费工资高于当地职工平均工资3倍的部分不纳入缴费基数，低于平均工资60%的以60%为基数缴费，即"300%封顶、60%托底"。个人账户储存额只用于工作人员养老，不得提前支取，每年按照国家统一公布的记账利率计算利息，免征利息税。参保人员死亡的，个人账户余额可以依法继承。

这是机关事业单位基本养老保险筹资机制的重大变革，由以财政为主的单一渠道变为单位和个人缴费、财政承担养老保险基金的兜底责任的多渠道筹资，形成单位、个人、政府共担的新机制。这与企业职工基本养老保险政策是基本一致的，有利于实现制度之间的衔接。

（二）退休待遇结构

1. "工资基数×享受比例"

在20世纪90年代之前，机关事业单位员工退休待遇结构与企业职工退休待遇结构基本类似，在1949年后直到20世纪80年代之前，退休养老金=退休时的基本工资（标准工资）×按参加工作的年限获得的享受比例。

退休金的高低完全取决于退休前的职务工资级别和根据参加工作的年限所获得的享受比例。

机关事业单位工作人员与企业职工在退休条件方面略有区别，主要是女性满55周岁，而企业职工女性满50周岁，男性都是满60周岁。退休待遇根据工龄长短发给本人工资的50%~70%，与企业职工一致。唯一不同的是因劳致疾丧失工作能力的或因公残废丧失工作能力且工作年限在15年以上的退休人员，发给本人工资的80%。此外，工作人员对革命有重大功绩，或者在参加工作以前长期从事科学、技术、文化、教育等事业，并且对社会有特殊贡献的，他们的退休金经过省(自治区、直辖市)人民委员会或者国务院批准可以酌量提高。

2. 退休时的基本工资×享受比例+各种补贴

20世纪80年代之后，由于物价和工资改革，退休待遇结构中除了"工资×享受比例"之外，机关事业退休职工也增加了各种补贴，而且补贴的占比越来越高。此时，机关事业单位退休待遇结构与企业职工退休待遇结构相同，差别也不大。直到1991年之后，国务院发布《关于企业职工养老保险制度改革的决定》，企业退休待遇结构改变，而机关事业单位没有改变，退休待遇实行了双轨制，逐渐拉开了差距。

3. 基础养老金+个人账户养老金

2015年2月，国务院印发《关于机关事业单位工作人员养老保险制度改革的决定》，对2014年10月1日之后参加工作的，个人缴费年限累计满15年的人员，退休后按月发给基本养老金。基本养老金由基础养老金和个人账户养老金组成，与企业职工接轨。

4. 基础养老金+个人账户养老金+过渡性养老金

在《关于机关事业单位工作人员养老保险制度改革的决定》实施之前参加工作、实施后退休且缴费年限（含视同缴费年限，下同）累计满15年的人员，按照合理衔接、平稳过渡的原则，在发给基础养老金和个人账户养老金的基础上，再依据视同缴费年限长短发给过渡性养老金。

例如，北京市从2014年10月1日起，设立10年过渡期，过渡期内退休人员实行新老待遇计发办法的对比，保低限高。即新办法(含职业年金待遇)计发待遇低于老办法待遇标准的，按老办法待遇标准发放，保持待遇不降低，新办法计发待遇高于老办法待遇标准的，超出的部分分年度按比例予以限制。

机关事业单位在基本养老保险制度上与企业职工实现了并轨，但因为对"中人"设立了10年的过渡期，同步建立职业年金制度，短期之内退休待遇不会下降。新人退休待遇除了基本养老金之外，职业年金制度成为决定退休待遇的关键。

（三）经办管理

1. 单独建账

根据规定，具备条件的省（自治区、直辖市）可以从改革一开始就实行省级统筹；暂不具备条件的，可先实行省级基金调剂制度，并积极创造条件，加快向省级统筹过渡。机关事业单位养老保险基金单独建账，与企业职工基本养老保险基金分别管理使用。基金纳入社会保障基金财政专户，实行收支两条线管理，专款专用，确保安全。

2. 养老保险关系转续

根据规定，参保人在机关事业单位养老保险制度内同一统筹范围转移，只转养老保险关系，不转统筹基金；在同一制度内跨统筹范围转移，或者在机关事业单位和企业之间转移养老保险关系的，要在转移个人账户累计储存额的同时转移部分统筹基金。无论哪种转移方式，工作人员转移前后的缴费年限（含视同缴费年限）连续计算，以维护其合法权益。这一政策打通了机关事业单位工作人员横向流动时养老保险关系难以转续衔接的"瓶颈"，有利于促进人力资源的合理流动和优化配置。

3. 经办服务

机关事业单位养老保险原则上实行属地化管理。各地社会保险经办机构按照国家统一的业务经办流程和信息系统开展经办管理服务，普遍发放社会保障卡，退休人员基本养老金由社保机构确保按时足额支付，提供方便快捷的服务，从而更好地保障退休人员的基本生活和合法权益。

四、补充养老保险制度的政策内容

（一）企业年金制度的主要内容

1. 筹集和待遇

企业年金基金由企业和个人共同承担缴费。根据《企业年金办法》的规定，企业缴费每年不超过本企业职工工资总额的8%。企业和职工个人缴费合计不超过本企业职工工资总额的12%。

企业缴费应当按照企业年金方案确定的比例和办法计入职工企业年金个人账户，职工个人缴费计入本人企业年金个人账户。职工企业年金个人账户中个人缴费及其投资收益自始归属于职工个人。职工企业年金个人账户中企业缴费及其投资收益可以自始归属于职工个人，也可以约定逐步归属于职工个人，但完全归属于职工个人的期限最长不超过8年。

职工在达到国家规定的退休年龄或者完全丧失劳动能力时，可以从本人企业年金个人账户中按月、分次或者一次性领取企业年金，也可以将本人企业年金个人账户资金全部或者部分购买商业养老保险产品，依据保险合同领取待遇并享受相应的继承权；出国（境）定居人员的企业年金个人账户资金可以根据本人要求一次性支付给本人；职工或者退休人员死亡后，其企业年金个人账户余额可以继承。

2. 税收优惠

国家鼓励企业建立企业年金。根据财政部等三部门联合发布的《关于企业年金 职业年金个人所得税有关问题的通知》的规定，企业和事业单位根据国家有关政策规定的办法和标准，为在本单位任职或者受雇的全体职工缴付的企业年金或职业年金单位缴费部分，在计入个人账户时，个人暂不缴纳个人所得税。

个人根据国家有关政策规定缴付的年金个人缴费部分，在不超过本人缴费工资计税基数的4%标准内的部分，暂从个人当期的应纳税所得额中扣除。

企业年金个人缴费工资计税基数为本人上一年度月平均工资，但以职工工作地所在设区城市上一年度职工月平均工资的3倍为限。

（二）职业年金制度的主要内容

1. 资金筹集和待遇

职业年金基金采用个人账户方式管理。职业年金所需费用由单位和工作人员个人共同承担。单位缴纳职业年金费用的比例为本单位工资总额的8%，个人缴费比例为本人缴费工资的4%。单位和个人缴费基数与机关事业单位工作人员基本养老保险缴费基数一致。

单位缴费按照个人缴费基数的8%计入本人职业年金个人账户；个人缴费直接计入本人职业年金个人账户。

一般来说，职业年金不得从个人账户中提前提取资金。工作人员在达到国家规定的退休条件并依法办理退休手续后，可以选择按月领取职业年金待遇的方式，也可以一次性用于购买商业养老保险产品，依据保险契约领取待遇并享受相应的继承权。同时职业年金个人账户余额享有继承权。出国（境）定居人员的职业年金个人账户资金，可根据本人要求一次性支付给本人。工作人员在职期间死亡的，其职业年金个人账户余额也可以继承。

2. 税收优惠

根据财政部等三部门联合发布的《关于企业年金 职业年金个人所得税有关问题的通知》的规定，职业年金和企业年金一样，享受国家的税收优惠政策，即单位缴费部分在计入个人账户时，个人暂不缴纳个人所得税；个人缴费部分在不超过本人缴费工资计税基数4%标准内的部分，暂从个人当期的应纳税所得额中扣除，但缴费工资计税基数以工作地所在设区城市上一年度职工月平均工资的300%为限。

本章思考题

- 什么是养老风险？养老保障的不确定性来源于什么？
- 养老保障需求由什么构成？
- 简述养老保险"三支柱"模式。
- 简述基本养老保险的普遍特征和设计原则。
- 简述我国基本养老保险的制度构成和政策内容。
- 简述我国补充养老制度构成和政策内容。

第四章　社会保险其他项目

社会保险项目中，除基本养老保险和基本医疗保险之外，还有工伤保险、失业保险和生育保险。这里分别予以介绍。

通过本章学习将帮助你

了解工伤保险的定义、原则和我国工伤保险制度发展历程

掌握工伤保险费率厘定、工伤认定、劳动能力鉴定

及工伤待遇等相关内容

了解失业保险的定义，以及我国失业保险制度发展历程

掌握我国失业保险覆盖范围、基金筹集、待遇等基本内容

了解生育保险的定义、作用和我国生育保险制度发展历程

掌握生育保险覆盖范围、基金筹集、待遇结构等基本内容

第一节 工伤保险

一、工伤保险概述

工伤亦称职业伤害，指劳动者在生产劳动的过程中所发生的或与之相关的人身伤害，包括由工作引起并在工作过程中发生的事故伤害和职业病伤害。工伤保险亦称职业伤害保险、因公伤害保险、职业伤害赔偿保险，是指国家和社会为在生产、工作中遭受事故伤害和患职业性疾病的劳动及亲属提供医疗救治、生活保障、经济补偿、医疗和职业康复等物质帮助的一种社会保险制度。

（一）工伤保险原则

工伤保险是社会保险制度中的重要组成部分，为保护劳动者在劳动过程中的合法权益、维持国家的稳定起到了积极的支持作用。与社会保险其他项目相比，工伤保险遵循以下原则。

1. 无过错责任原则

无过错责任原则又称为无过失赔偿原则，指劳动者在生产和工作过程中一旦遭遇工伤事故，无论事故责任属于企业、雇主、相关第三人还是本人，都应依法按照规定的标准享受工伤保险待遇，这与通常意义上待遇给付与责任相挂钩的赔偿方式不同，待遇的给付与责任的追究并没有关系。该原则在很大程度上保障了劳动者在生产工作中因意外或职业病遭受人身侵害而应享有的合法权利，也是工伤保险与其他几大险种的区别之一。当然，因本人犯罪或故意而造成的"工伤"除外。

2. 风险分担、互助互济原则

风险分担、互助互济原则是社会保险制度中的基本原则，首先是通过法律，强制征收保险费，建立工伤保险金，采取互助互济的办法，分担风险。其次是在待遇分配上，国家责成社会保险机构对费用实行再分配。这种基金的分配使用，包括人员之间、地区之间、行业之间的调剂。它可以更有效地解决社会问题。

3. 个人不缴费原则

工伤事故属于职业性伤害，是劳动者在生产劳动过程中，为企业、为社会创造价值所付出的代价，工伤保险待遇具有明显的劳动力修复与再生产投入性质，属于企业生产成本的特殊组成部分，企业在这部分保费上的投入是完全必要和合理的。所以工伤保险不同于其他社会保险项目，劳动者不缴纳保险费，全部保险费由用人单位负担，即工伤保险的投保人为用人单位。从国际经验来看，世界上几乎所有国家的工伤保险保费都是由企业（雇主）来承担。

4. 工伤补偿与工伤预防、工伤康复相结合原则

工伤保险最直接的任务是工伤补偿，以保障伤残职工或遗属的基本生活。但现代工伤保险的发展趋势是将工伤补偿与工伤预防、工伤康复结合起来，加强安全生产减少事故发生，防患于未然；同时，在工伤事故发生时，积极救治受伤职工，采取有力措施，帮助受伤职工尽快恢复健康并重新走上工作岗位。

5. 区别因工和非因工原则

在制定工伤保险制度，发放待遇时，应确定因工和非因工负伤的界限。职业伤害与工作或职业病有直接关系，医疗康复、伤残补偿、死亡抚恤待遇均比其他保险水平高，只要是工伤，待遇上不受年龄、性别、缴费期限的限制。因病或非因工伤亡，与劳动者本人职业无关的事故补偿，许多国家规定的待遇水平比工伤待遇低得多。

6. 确定伤残和职业病等级原则

为了区别不同伤残和职业病状况，发放不同标准的待遇，各国在制定工伤保险制度时，都制定了伤残和职业病等级，并通过专门的鉴定机构和人员对事故伤害和职业伤害的职工受害程度予以确定。

7. 待遇标准从优原则

考虑到职工为企业建设及发展所作出的贡献与付出的代价，应为受伤、致残、死亡职工提供较为优厚的医疗、康复、抚恤待遇。从人性化角度，工伤保险在待遇给付标准上按照从优原则，与养老、医疗、失业、生育保险等险种相比，更倾向于高标准给付。

8. 一次性补偿与长期补偿相结合原则

对因工部分或完全丧失劳动能力，或是因工死亡的职工，职工和遗属在得到补偿时，社会保险经办机构应支付一次性补偿金，作为对伤害者"精神"上的安慰。此外，对供养的遗属根据人数要长期支付抚恤金，直到他们失去供养条件为止。这种补偿原则，已被世界上越来越多的国家所接受。

9. 直接经济损失与间接经济损失相区别的原则

直接经济损失是指职工发生工伤后，个人所受的经济损失，与职工的直接经济收入相关，即职工的工资收入。直接经济损失直接影响本人及其供养直系亲属的生活水平，也直接影响劳动力的再生产，因此，必须给予及时的较优待的补偿。间接经济损失是指职工直接收入以外的其他经济收入的损失，包括兼职收入、业余收入等。这部分收入不是人人都有，是不固定的额外收入，因此，这一部分收入不列入工伤保险的经济补偿范畴。

（二）我国工伤保险制度的发展

我国的工伤保险制度源于中华人民共和国成立初期。1950年，原内务部制定了《革命工作人员伤亡褒恤暂行条例》，建立了国家机关和事业单位职工的工伤保险制度。1951年，政务院颁布了《劳动保险条例》，1953年进行了修订，初步制定了企业职工工伤保险制度。至此，我国建立了相对全面的覆盖城市机关、事业单位、企业职工的工伤保险制度，但在覆盖面、制度完善性等方面还存在许多问题。

1993年，中共十四届三中全会通过了《中共中央关于建立社会主义市场经济体制若干问题的决定》，提出了"普遍建立企业工伤保险制度"的构想，并于1996年颁布《企业职工工伤保险试行办法》，与《劳动法》一起构成了保障职工合法权益的屏障。

2003年4月27日，国务院颁布了《工伤保险条例》，并于2004年1月1日起施行。这是自1951年制定、1953年修订颁布的《劳动保险条例》之后，第一次制定的、专门的、具有法律效力的工伤保险法规，对于推进工伤保险改革、规范工伤保险制度、解决工伤保险争议至关重要。

2010年，国务院又修订了《工伤保险条例》，并于2011年1月1日起正式施行。现行的工伤保险制度包括工伤保险的对象、工伤保险基金、工伤认定、劳动能力鉴定、工伤保险待遇、监督管理等几项内容。

2015年，人力资源和社会保障部、财政部联合印发的《关于调整工伤保险费率的通知》，进一步明确了单位费率的确定与浮动办法。

2017年末，全国参加工伤保险人数为22 724万人，其中，参加工伤保险的农民工人数为7 807万人。全年工伤保险基金收入854亿元，支出662亿元，年末工伤保险基金累计结存1 607亿元（含储备金270亿元）。[①]

二、工伤保险费率

工伤保险基金是国家为实施工伤保险制度，按照风险程度收集原则和以支定收、收支平衡的原则，通过法定程序建立起来的专项资金，主要由参保单位缴纳的工伤保险费、工伤保险基金的利息和依法纳入工伤保险基金的其他资金构成。

---

① 数据来源：人力资源和社会保障部. 2017年度人力资源和社会保障事业发展统计公报[R].

（一）工伤保险费率的确定方式

一般来说，工伤保险费率的确定方式主要有三种。

1. 统一费率制

按照法定统筹范围内的预测开支需求，与相同范围内企业的工资总额相比较，求出一个总的工伤保险费率。

2. 差别费率制

对单个企业或某一行业单独确定工伤保险费的提缴比例。差别费率的确定，主要是根据对各个行业或企业单位时间上的伤亡事故和职业病统计，以及工伤费用的预测而定。

3. 浮动费率制

在差别费率制的基础之上，每年对各个行业或企业的安全卫生状况和工伤保险费用支出进行分析评价，并根据评价结果，由主管部门决定该行业或企业的工伤保险费率是上浮或下浮。

（二）我国的工伤保险费率确定方式

根据2015年《关于调整工伤保险费率政策的通知》的规定，我国的工伤保险费率确定方式是国家根据不同行业的工伤风险程度确定行业的差别费率，并根据工伤保险费使用、工伤发生率等情况在每个行业内确定若干费率档次。

如表4-1所示，按照《国民经济行业分类》（GB/T 4754—2011）对行业的划分，根据不同行业的工伤风险程度，由低到高，依次将行业工伤风险类别划分为一类至八类。

表4-1　　　　　　　　工伤保险行业风险分类及费率

行业类别	行业名称	基准费率
一	软件和信息技术服务业，货币金融服务，资本市场服务，保险业，其他金融业，科技推广和应用服务业，社会工作，广播、电视、电影和影视录制作业，中国共产党机关，国家机构，人民政协、民主党派，社会保障，群众团体、社会团体和其他成员组织，基层群众自治组织，国际组织	0.2%

续表

行业类别	行业名称	基准费率
二	批发业，零售业，仓储业，邮政业，住宿业，餐饮业，电信、广播电视和卫星传输服务，互联网和相关服务，房地产业，租赁业，商务服务业，研究和试验发展，专业技术服务业，居民服务业，其他服务业，教育，卫生，新闻和出版业，文化艺术业	0.4%
三	农副食品加工业，食品制造业，酒、饮料和精制茶制造业，烟草制品业，纺织业，木材加工和木、竹、藤、棕、草制品业，文教、工美、体育和娱乐用品制造业，计算机、通信和其他电子设备制造业，仪器仪表制造业，其他制造业，水的生产和供应业，机动车、电子产品和日用产品修理业，水利管理业，生态保护和环境治理业，公共设施管理业，娱乐业	0.7%
四	农业，畜牧业，农、林、牧、渔服务业，纺织服装、服饰业，皮革、毛皮、羽毛及其制品和制鞋业，印刷和记录媒介复制业，医药制造业，化学纤维制造业，橡胶和塑料制品业，金属制品业，通用设备制造业，专用设备制造业，汽车制造业，铁路、船舶、航空航天和其他运输设备制造业，电气机械和器材制造业，废弃资源综合利用业，金属制品、机械和设备修理业，电力、热力生产和供应业，燃气生产和供应业，铁路运输业，航空运输业，管道运输业，体育	0.9%
五	林业，开采辅助活动，家具制造业，造纸和纸制品业，建筑安装业，建筑装饰和其他建筑业，道路运输业，水上运输业，装卸搬运和运输代理业	1.1%
六	渔业，化学原料和化学制品制造业，非金属矿物制品业，黑色金属冶炼和压延加工业，有色金属冶炼和压延加工业，房屋建筑业，土木工程建筑业	1.3%
七	石油和天然气开采业，其他采矿业，石油加工、炼焦和核燃料加工业	1.6%
八	煤炭开采和洗选业，黑色金属矿采选业，有色金属矿采选业，非金属矿采选业	1.9%

不同工伤风险类别的行业执行不同的工伤保险行业基准费率。各行业工伤风险类别对应的全国工伤保险行业基准费率为，一类至八类分别控制在该行业用人单位职工工资总额的0.2%、0.4%、0.7%、0.9%、1.1%、1.3%、1.6%、1.9%左右。通过费率浮动的办法确定每个行业内的费率档次。一类行业分为三个档次，即在基准费率的基础上，可向上浮动至120%、150%，二类至八类行业分为

五个档次，即在基准费率的基础上，可分别向上浮动至120%、150%或向下浮动至80%、50%。

各统筹地区按照"以支定收、收支平衡"的原则，合理确定本地区工伤保险行业基准费率具体标准，并根据统筹地区经济产业结构变动、工伤保险费使用等情况适时调整。

统筹地区内的社会保险经办机构可以根据用人单位工伤保险费使用、工伤发生率、职业病危害程度等因素，确定其工伤保险费率，并可依据上述因素变化情况，每1~3年确定其在所属行业不同费率档次间是否浮动。对符合浮动条件的用人单位，每次可上下浮动一档或两档。但是统筹地区工伤保险最低费率不得低于本地区一类风险行业基准费率。

三、工伤认定

工伤主要包括事故伤残和职业病及因这两种情况所造成的死亡。从广义上讲，职业病是指劳动者从事生产劳动及其他职业活动中，因接触职业性有害因素而引起的所有疾病。但在法律上，职业病有一定的界限，通常是指国家根据生产力发展水平、经济状况、医疗水平等综合因素，由主管部门明文规定的职业病，即法定职业病。

目前，我国的工伤认定主要根据2011年的《工伤保险条例》。

（一）工伤认定的七种情形

根据《工伤保险条例》的规定，职工有下列情形之一的，应当认定为工伤：

（1）在工作时间和工作场所内，因工作原因受到事故伤害的；

（2）工作时间前后在工作场所内，从事与工作有关的预备性或者收尾性工作受到事故伤害的；

（3）在工作时间和工作场所内，因履行工作职责受到暴力等意外伤害的；

（4）患职业病的；

（5）因工外出期间，由于工作原因受到伤害或者发生事故下落不明的；

（6）在上下班途中，受到非本人主要责任的交通事故或者城市轨道交通、客运轮渡、火车事故伤害的；

（7）法律、行政法规规定应当认定为工伤的其他情形。

（二）视同工伤的三种情形

根据《工伤保险条例》的规定，职工有下列情形之一的，视同工伤：

（1）在工作时间和工作岗位，突发疾病死亡或者在48小时之内经抢救无效死亡的；

（2）在抢险救灾等维护国家利益、公共利益活动中受到伤害的；

（3）职工原在军队服役，因战、因公负伤致残，已取得革命伤残军人证，到用人单位后旧伤复发的。

职工有上述第（1）、第（2）种情形的，按照《工伤保险条例》的有关规定享受工伤保险待遇；职工有上述第（3）种情形的，按照《工伤保险条例》的有关规定享受除一次性伤残补助金以外的工伤保险待遇。

（三）不得视为工伤的三种情形

职工符合上述工伤认定和视同工伤的规定，但是有下列情形之一的，不得认定为工伤或者视同工伤：

1. 故意犯罪的；
2. 醉酒或者吸毒的；
3. 自残或者自杀的。

（四）工伤认定的流程

根据《工伤保险条例》和《工伤认定办法》的有关规定，工伤的认定需要通过一系列步骤来完成。

工伤认定可以由单位，也可以由个人提出申请，但是有严格的时间要求，过了1年的鉴定期，社保部门往往不予受理。同时，在材料的递交上，也要注意材料的齐全性和办理时间的有效性等问题。

四、劳动能力鉴定

劳动能力鉴定是指职工因工负伤或者非因工负伤以及疾病等原因，导致本人劳动与生活能力受损，根据用人单位、本人或者其近亲属的申请，由劳动能力鉴定委员会根据国家制定的标准，遵循国家相关政策法规，运用医学手段和方法，确定劳动伤残程度和丧失劳动能力程度的一种评定制度。

劳动能力鉴定是落实工伤待遇的基础和前提条件，是工伤保险管理的一项重要工作。工伤职工劳动能力不同程度的丧失，可以享受不同的工伤保险待遇。被鉴定为完全丧失劳动能力者，可以享受因工完全丧失劳动能力的退休待遇，并享受一次性伤残补助金；有护理依赖者，可以享受护理费；大部分丧失劳动能力者，可要求企业安排合适工作，由此造成职工工资降低的，按降低部分的一定比例对职工进行补偿，同时享受一次性伤残补助金。

目前国际上有两种评价体系。一种是劳动能力测试，按同年龄、同性别健康人群平均劳动能力作为对照标准，评价工伤职工伤残后所具有的劳动能力大小。这一评价标准的优点是比较客观，可比性强；缺点是评价指标多，操作复杂。另一种是致残程度测试，鉴定标准是按器官损伤、功能障碍、医疗依赖三个方面将工伤、职业病伤残程度分解为相应等级。这种分类方式不是直接评价工伤职工的劳动能力，而是通过致残程度的相对严重性来反映劳动能力的损害程度，进行相对评价。这一办法的优点是不直接测试伤残职工的劳动能力，因而操作较为简单；缺点是不能准确反映伤残职工劳动能力损失程度的大小。

在我国，劳动能力鉴定标准由国务院劳动保障行政部门会同国务院卫生行政部门等制定。2006年11月2日，国家质量监督检验检疫总局、国家标准化管理委员会发布《劳动能力鉴定职工工伤与职业病致残等级》（GB/T16180—2006，2007年5月1日实施），代替了《职工工伤与职业病致残程度鉴定》（GB/T16180—1996）。新的标准根据器官损伤、功能障碍、医疗依赖及护理依赖四个方面，将工伤、职业病伤残程度分为5个门类、10个等级、470个条目，为工伤、职业病患者于国家社会保险法规规定的医疗期满后进行医学鉴定提供了准则和依据。许多国家的职业伤害补偿法规定，失能鉴定脱离劳资协议进行，通常是要经过像劳动部这样的机构认可,经过特殊的监督而完成。在多数国家,失能鉴定由鉴定委员会、医务或法律小组或单独的鉴定局等负责机构进行管理。在我国,省、自治区、直辖市各级劳动能力鉴定委员会分别由省、自治区、直辖市各级劳动保障行政部门、人事行政部门、卫生行政部门、工会组织、经办机构代表及用人单位代表组成,劳动能力鉴定委员会建立医疗卫生专家库。

五、工伤保险待遇

相对于其他几大险种,工伤保险待遇涉及医疗、残疾、康复、死亡这几个方面,不管从范围上,还是从给付标准上,工伤保险待遇的水平都相对比较高。具体来看,工伤保险待遇包括以下几个方面。

(一)医疗待遇

1. 工伤医疗待遇

职工因工作遭受事故伤害或者患职业病而进行治疗,享受工伤医疗待遇。职工治疗工伤或者职业病应当在签订服务协议的医疗机构就医,情况紧急时可以先到就近的机构急救。工伤职工治疗工伤或职业病所需的挂号费、住院费、医疗费、药费、就医路费全额报销。住院治疗工伤的伙食补助费,以及经医疗机构出具证明,报经办同意,工伤职工到统筹地区以外就医所需的交通费、食宿费从工伤保险基金中支付,基金支付的具体标准由统筹地区人民政府规定。工伤医疗待遇具体包括医疗费、住院伙食补助费、交通食宿费和辅助器具费,其中:

(1)医疗费赔偿额的计算方法为

医疗费赔偿额=诊疗金额+药品金额+住院服务金额

式中右边每一项的具体标准依据工伤保险诊疗项目目录、工伤保险药品目录、工伤保险住院服务标准而定。

(2)住院伙食补助费赔偿额的计算方法为

住院伙食补助费赔偿额=职工因公出差伙食补助费标准×70%×人数×天数

（3）交通食宿费赔偿额的计算方法为

交通食宿费赔偿额=职工因公出差交通费标准×往返次数+职工因公出差住宿费标准×天数+职工因公出差伙食补助费标准×天数

（4）辅助器具费赔偿额的计算方法为

辅助器具费赔偿额=普通型器具的单价×数量

上述各项的计算结果须经劳动能力鉴定委员会确认。另外，需要说明的是，工伤职工治疗非工伤引发的疾病时，不享受工伤医疗待遇，而是按照基本医疗保险办法处理。

2. 医疗期间的生活护理费待遇

按照《工伤保险条例》的相关规定，职工因工作遭受事故伤害或者患职业病需要按照暂停工作接受工伤医疗的，在停工留薪期内，原工资福利待遇不变，由所在单位按月支付。

停工留薪期一般不超过12个月。若职工伤情严重或者情况特殊，则经设区的市级劳动能力鉴定委员会确认，停工留薪期可以适当延长，但延长不得超过12个月。工伤职工评定伤残等级后，停发原待遇，按照有关规定享受伤残待遇。工伤职工在停工留薪期满后仍需治疗的，继续享受工伤医疗待遇。

生活不能自理的工伤职工在停工留薪期需要护理的，由所在单位负责。生活护理费按照生活完全不能自理、生活大部分不能自理或者生活部分不能自理3个不同等级支付，其标准分别为统筹地区上年度职工月平均工资的50%、40%和30%，具体公式如下：

（1）生活完全不能自理的生活护理费计算方法为

生活护理费=统筹地区上年度职工月平均工资×50%

（2）生活大部分不能自理的生活护理费计算方法为

生活护理费=统筹地区上年度职工月平均工资×40%

（3）生活部分不能自理的生活护理费计算方法为

生活护理费=统筹地区上年度职工月平均工资×30%

按照上述方法计算出的生活护理费的金额需经劳动能力鉴定委员会确认。

（二）伤残抚恤待遇

按照《工伤保险条例》的相关规定，不同的伤残等级享受不同的伤残抚恤待遇。伤残抚恤待遇主要包括一次性伤残补助金和按月发放的伤残津贴，对于不同的伤残等级，一次性伤残补助金和按月发放的伤残津贴各有不同（见表4-2）。

表4-2　　　　　　　　　工伤伤残抚恤待遇标准

伤残等级	一次性伤残补助金	伤残津贴（按月支付）
一级	本人工资×27个月	本人工资×90%
二级	本人工资×25个月	本人工资×85%
三级	本人工资×23个月	本人工资×80%
四级	本人工资×21个月	本人工资×75%
五级	本人工资×18个月	本人工资×70%
六级	本人工资×16个月	本人工资×60%
七级	本人工资×13个月	
八级	本人工资×11个月	
九级	本人工资×9个月	
十级	本人工资×7个月	

另外，在劳动关系及相关待遇上，不同的伤残等级也要区别对待：

（1）职工因工致残被鉴定为一级至四级伤残程度的，保留劳动关系，退出工作岗位，并享受下述待遇：当工伤职工达到退休年龄并办理退休手续后，停发伤残津贴，按照国家有关规定享受基本养老保险待遇，基本养老保险待遇低于伤残津贴的，由工伤保险基金补足差额。

（2）职工因工致残被鉴定为五级、六级伤残程度的，经其本人提出，可以与用人单位解除或者终止劳动关系，由工伤保险基金支付一次性工伤医疗补助金，由用人单位支付一次性伤残就业补助金。

（3）职工因工致残被鉴定为七级至十级的，若劳动、聘用合同期满终止，或者其本人提出解除劳动、聘用合同，则由工伤保险基金支付一次性工伤医疗补助金，由用人单位支付一次性伤残就业补助金。

（三）康复待遇

康复待遇是指工伤职工因日常生活或者就业需要，经劳动能力鉴定委员会确认，可以安装假肢、矫形器、假眼、假牙和配置轮椅等辅助器具，所需费用按照国家规定的标准从工伤保险基金中支付。

（四）死亡（失踪）待遇

职工因工死亡，其近亲属按照下列规定从工伤保险基金中领取丧葬补助金、供养亲属抚恤金和一次性工亡补助金：

（1）丧葬补助金为6个月的统筹地区上年度职工月平均工资。

（2）供养亲属抚恤金按照职工本人工资的一定比例发给由因工死亡职工生前提供主要生活来源、无劳动能力的亲属。标准为配偶每月40%，其他亲属每人每月30%，孤寡老人或者孤儿每人每月在上述标准的基础上增加10%。核定的各供养亲属的抚恤金之和不应高于因工死亡职工生前的工资。供养亲属的具体范围由国务院社会保险行政部门规定。

（3）一次性工亡补助金标准为上一年度全国城镇居民人均可支配收入的20倍。

表4-3　　　　　　　　　　工伤死亡赔偿标准

序号	项目	标准
1	丧葬补助金	统筹地区上年度职工月平均工资×6
2	一次性工亡补助金	为上一年度全国城镇居民人均可支配收入的20倍
3	供养亲属抚恤金	配偶=工伤职工生前本人工资×40% 其他亲属=工伤职工生前本人工资×30% 孤寡老人或者孤儿每人每月在上述标准的基础上增加10% 核定的各供养亲属的抚恤金之和不应高于因工死亡职工生前的工资

另外，职工因工外出期间发生事故或者在抢险救灾中下落不明的，从事故发生当月起3个月内照发工资，从第4个月起停发工资，由工伤保险基金向其供养亲属按月支付供养亲属抚恤金。生活有困难的，可以预支一次性工亡补助金的50%。

第二节 失业保险

一、失业与失业保险

(一) 失业

失业是与就业相对的概念。就业是指在一定的物质基础和社会形式下实现的劳动力要素和生产资料要素的结合，其实质是劳动过程中人与物的结合。失业，狭义讲，是指劳动者劳动过程的中断；广义讲，是指劳动者劳动过程的中断和到达劳动年龄的社会成员未找到工作前的特定阶段。简言之，失业就是有劳动能力并愿意就业的劳动者找不到工作的社会现象，实质上是反映劳动力要素不能与生产资料要素相结合进行社会财富创造的特定现象。

对于失业者而言，至少具备四个特点：一是在劳动年龄之内；二是具有劳动能力；三是有就业愿望；四是在一定时期没有找到任何工作。

失业作为市场经济的必然产物，不可避免，其带来的对劳动者个人及家庭的不利后果以及可能导致的社会问题，促使各国政府都非常重视失业现象，并把就业岗位的增长与对失业率的控制列为政府最基本的宏观调控指标之一。与此同时，许多国家也把失业保险作为解除劳动者后顾之忧和化解失业带来的不利影响的一种重要的制度安排。

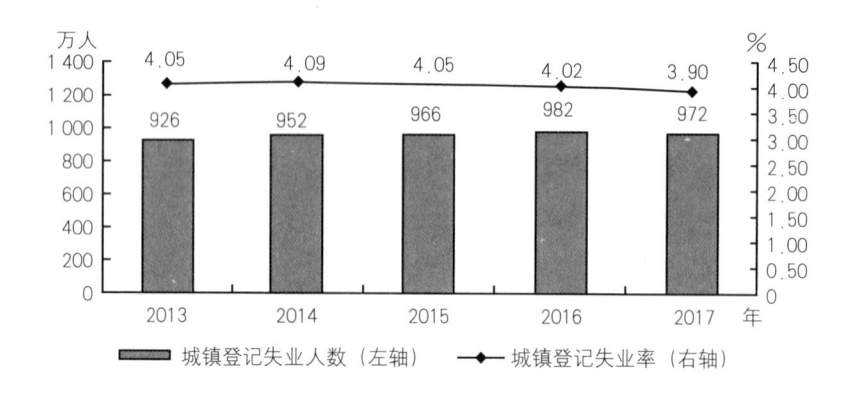

图4-1 我国城镇登记失业人数及登记失业率[1]

（二）失业保险

失业保险是指国家通过立法形式集中建立保险基金，对因失业而中断生活来源的劳动者在一定时期内提供基本生活保障和就业培训等，以帮助其尽快就业的一种社会保险制度。

失业保险制度是社会保障体系的重要组成部分，具有保障失业人员失业期间的基本生活和促进就业两项基本职能。

1. 保障失业者的基本生活，维持劳动力的生产和再生产

失业保险机构通过向符合条件的失业者提供一定期限的失业保险金，保障失业者在失业期间的基本生活，维持劳动力的生产和再生产。同时，由于失业保险为失业者提供生活保障，不会使其因失业导致无法生存而铤而走险，或心理上严重失衡而危害社会。因此，失业保险成为社会的"安全阀"和"减震器"。

2. 促进失业者再就业，实现劳动力的合理配置

促进就业主要体现为通过加大对失业者的职业培训力度、职业介绍力度、就业信息服务力度等，建立就业的导向机制，促进失业者实现再就业。由于得到了失业保险金，可以在一定程度上免除失业者生活上的后顾之忧，失业者有条件寻找尽可能与自己的兴趣、能力相符合的工作，有利于劳动力资源的合理

---

[1] 资料来源：人力资源和社会保障部.2017年度人力资源和社会保障事业发展统计公报[R].

配置；同时，由于失业保险的存在，用人单位减轻了向外排斥冗员的经济与社会压力，有利于单位制定理性的、合理的用人决策，从而也更有利于劳动力的合理配置。

（三）我国失业保险制度的发展

1. 初步建立时期

1986年7月颁布的《国营企业职工待业保险暂行规定》（以下简称《暂行规定》）标志着我国建立了失业保险制度。《暂行规定》为初创期的失业保险构建了制度框架，对构成该制度的一些最基本内容作出了原则性规定。首先，《暂行规定》将失业保险的覆盖范围限定为4种人，即宣告破产的企业的职工，濒临破产的企业法定整顿期间被精简的职工，企业终止、解除劳动合同的工人，企业辞退的职工；其次，确定以基金制方式筹集保险费，规定企业按照其全部职工标准工资总额的1%缴纳保险费（保险费在企业缴纳所得税前列支）；最后，将保险待遇定义为待业救济金，同时规定了领取救济金的资格条件和待遇水平。《暂行规定》的覆盖面仅限于国营企业且保障层次很低，失业者不承担缴费义务，而且享受的待业救济金仅仅是为了解决失业者最基本的生活困难。当时的待业救济金若以实际工资计算，替代率大约为40%，人均待业救济金约为40元，仅相当于国营企业平均工资的25%，比当时国家规定的生活困难补助标准的50元还低。从保险对象来看，存在保险与风险不对应的问题，一方面，很多事实上的失业者得不到保障；另一方面，待业救济金发放不出去。《暂行规定》并没有在实际生活中发挥其应有的作用。

2. 逐步完善时期

1993年4月，国务院颁布了《国有企业职工待业保险规定》（以下简称《规定》）。《规定》在失业保险制度的组织管理模式、资金筹集等方面沿用了《暂行规定》的框架，但扩大了适用范围，将失业保险的适用范围扩大到七类人，不过仍然局限在国有企业内部。另外，《规定》调整了待业保险待遇的参照标准，由原来的参照本人标准工资改为参照社会救济水平，这一改变使得在法定适用范围内的所有失业者都可以享受同等的失业救济水平。

3. 跨越式发展时期

1999年1月20日，国务院颁布了《失业保险条例》，在很多方面进行了较大的突破和改变，主要包括：

（1）扩大了失业保险覆盖面。《失业保险条例》将失业保险的覆盖面扩大到城镇各类企业事业单位，对象是城镇企业事业单位的职工。这里的城镇企业包括国有企业、城镇集体企业、外商投资企业、城镇私营企业和其他城镇企业。

（2）改革失业保险基金缴费比例。《失业保险条例》规定职工享受失业保险，个人必须履行缴费义务，失业保险基金由国家、企业事业单位、职工个人三方共同负担。城镇企业事业单位按照本单位工资总额的2%缴纳失业保险费，城镇企业事业单位职工按照本人工资的1%缴纳保险费。改革失业保险基金缴费比例是为了更好地体现失业保险权利和义务对等的原则。

（3）改变失业保险金发放依据。在《规定》中，职工领取失业保险金与失业前在企业连续工作的时间相联系；而在《失业保险条例》中，改为按累计缴费时间进行发放，凡是按规定履行缴费义务的、非自愿失业、办理了失业登记并有求职要求的失业人员均可申请享受失业保险待遇。这一改变促进了劳动力的自由流动，降低了劳动力的流动成本。

（4）加强基金管理。《失业保险条例》提供了违反失业保险规定的具体的处罚，对于骗取失业保险金和其他失业保险待遇的行为，社保经办机构和工作人员的违规行为，劳动保障行政部门和社保经办机构的工作人员滥用职权、徇私舞弊、玩忽职守等行为，以及挪用失业保险金的行为予以处罚。

总之，《失业保险条例》填补了我国社会保险领域的立法空白。与《暂行规定》和《规定》相比，《失业保险条例》扩大了覆盖范围，调整了统筹层次，提高了缴费比例，确定了用人单位和职工共同负担失业保险费的筹资原则，严格界定了失业保险基金支出的范围，规定了基金必须进入财政专户，实行收支两条线管理和财政监督等内容，为失业保险制度的推行提供了可靠的法规依据。

2010年10月28日颁布、2011年7月1日起施行的《社会保险法》也对失业保险进行了相关规定。2017年末全国参加失业保险人数为18 784万人，占全国就业人员的24%。其中，参加失业保险的农民工人数为4 897万人，占全国农民工总量的17%。[①]

二、我国失业保险制度的主要内容

（一）覆盖范围

一般来说，失业保险应覆盖劳动力队伍中的大部分成员。在确定参保范围时，参保单位应不分部门和行业，不分所有制性质，其职工也不应分用工形式，需充分体现普遍性原则。在我国，根据《社会保险法》，职工应当参加失业保险。《失业保险条例》中明确，职工是指城镇企业事业单位职工。各统筹地区也对参保范围有进一步的规定。例如，北京的失业保险政策规定，北京市行政区域内的城镇单位和职工（国家另行规定除外）应参加失业保险。自谋职业人员、灵活就业人员、个体工商户及其职工应参加失业保险。

（二）筹资方式

建立失业保险基金是失业保险制度的重要内容。国际上，失业保险基金的筹集一般采取五种方式：

一是政府完全负担，如澳大利亚、智利；

二是雇主完全负担，如美国；

三是雇主和雇员共同负担，如加拿大、荷兰、希腊；

四是雇主和政府共同负担，如意大利；

五是雇主、雇员和政府共同负担，如德国、日本。

目前，我国采用单位、个人和国家三方共同负担的方式筹集失业保险基金。失业保险基金由城镇企业事业单位、城镇企业事业单位职工缴纳的失业保险费、失业保险基金的利息、财政补贴、依法纳入失业保险基金的其他资金等构成。

---

① 根据人力资源和社会保障部《2017年度人力资源和社会保障事业发展统计公报》数据计算。

其中，失业保险费是失业保险基金的主要来源。城镇企事业单位及其职工应当按照规定，及时、足额缴纳失业保险费，以保证失业保险基金的支付能力，切实保障失业人员基本生活和促进再就业所需资金支出。而政府在组织好失业保险费的征缴和管理工作的同时，还有责任通过财政补贴的形式保证失业保险基金能够满足实际需要。

为降低企业成本，增强企业活力，根据《社会保险法》等有关规定，从2016年5月1日起，失业保险总费率在2015年已降低1个百分点的基础上可以阶段性降至1%~1.5%，其中个人费率不超过0.5%，降低费率的期限暂按两年执行。

具体方案由各省（自治区、直辖市）确定。例如，北京市的政策是：

（1）企业事业单位按本单位上年职工月平均工资总额的1%缴纳失业保险费。

（2）职工个人按本人上年月平均工资的0.2%缴纳失业保险费。职工本人月平均工资高于上一年北京市职工月平均工资300%以上的部分，不作为缴纳失业保险费的基数。

（3）用人单位招用的农民合同制工人本人不缴纳失业保险费。北京市户籍的可参照城镇职工缴费。

（4）个人委托存档人员按照自愿原则，选取上年北京市职工月平均工资的40%、60%和100%作为缴费基数，以1.2%的费率缴纳失业保险费。

（三）失业保险的待遇结构

失业保险待遇一般包括两个方面：一是为保障失业者基本生活的待遇，包括失业保险金、失业人员应当缴纳的基本医疗保险费、丧葬补助金和抚恤金等；二是为促进再就业的待遇，包括职业培训补贴、职业介绍补贴、就业困难地区帮扶资金等。

根据《社会保险法》的规定，失业人员满足"失业前用人单位和本人已经缴纳失业保险费满一年、非因本人意愿中断就业、已经进行失业登记并有求职要求"三个条件的，可以享受失业保险待遇，从失业保险基金中领取失业保险金。失业保险金的标准不得低于城市居民最低生活保障标准。

失业者领取失业保险金并没有等待期，但是有最长给付期。根据《社会保险法》的规定，失业人员失业前用人单位和本人累计缴费满一年不足五年的，领取失业保险金的期限最长为十二个月；累计缴费满五年不足十年的，领取失业保险金的期限最长为十八个月；累计缴费十年以上的，领取失业保险金的期限最长为二十四个月。重新就业后，再次失业的，缴费时间重新计算，领取失业保险金的期限与前次失业应当领取而尚未领取的失业保险金的期限合并计算，最长不超过二十四个月。

另外，失业人员失业保险待遇的申请与失业人员就业期间履行缴费义务相对等。申领失业保险金没有次数限制。《社会保险法》和《失业保险条例》只规定了有关享受失业保险的条件，而没有规定限制享受失业保险待遇的次数。只要符合《社会保险法》和相关法律法规中规定的失业保险金的领取条件，就可以领取失业保险金。

进一步来讲，失业人员在领取失业保险金期间有下列情形之一的，停止领取失业保险金，并同时停止享受其他失业保险待遇：

（1）重新就业的；

（2）应征服兵役的；

（3）移居境外的；

（4）享受基本养老保险待遇的；

（5）无正当理由，拒不接受当地人民政府指定部门或者机构介绍的适当工作或者提供的培训的。

第三节
生育保险

一、生育保险概述

（一）生育保险的概念

生育保险是通过国家立法规定，在劳动者因生育子女而导致劳动力暂时中断时，由国家和社会及时给予物质帮助的一项社会保险制度。其宗旨在于通过向生育职工提供生育津贴、医疗服务和产假等方面的待遇，保障她们因生育而暂时中断劳动时的基本经济收入和医疗需求，帮助妇女安全度过生育期，并使婴儿得到必要的照顾和哺育。一些发达国家除了提供上述待遇外，还为孕妇、婴儿提供生活用品等。各国生育保险的项目、条件和标准主要根据本国经济状况而确定。

生育保险是社会化大生产特别是市场经济发展的客观需要，是经济发展和社会进步到一定程度的必然结果，其主要作用有：

一是有利于保障妇女的基本权益。不仅使妇女安全、健康地度过生育期，也为日后投入正常工作创造了条件。生育保险为她们提供孕期检查、医疗服务、生育津贴和有薪假期，保障了其生育期间的身体健康和基本生活，解除了她们的后顾之忧。

二是有利于提高人口素质，保证劳动力再生产。人类繁衍、世代延续是社会得以生存的基础。要提高人口素质，首先要保护母亲健康。如果女职工生育期间的生活得不到相应保障,就会因生活困难而被迫降低必要的保健与营养水准,直接影响到婴儿的生存和健康成长。

三是有利于国家人口政策的顺利贯彻实施。目前,西方一些发达国家人口出生率很低,许多国家制定了一系列鼓励生育政策,其中包括生育保险政策。我国实行计划生育、优生优育的基本国策,更要从国家和民族发展的长远利益来认识和理解生育保险的意义和作用,促进基本国策的贯彻落实。

四是为企业公平竞争和妇女平等就业创造条件。由于行业特点和社会分工不同,一些企业女性比例较高,另一些企业则比例较低,实行生育保险有利于均衡企业生育费用负担,促进企业公平竞争。同时,也有利于男女平等就业、同工同酬目标的实现,促进社会进步。

(二)我国生育保险制度的发展

我国的生育保险制度创建于中华人民共和国成立初期,1951年颁布的《劳动保险条例》对企业职工的生育保险作出了具体规定。1955年国务院颁布的《关于女工作人员生产假期的通知》对国家机关和事业单位的生育保险进行了规范。

企业与国家机关、事业单位的生育保险制度虽然建立时间有先有后,但其项目和待遇水平基本上是一致的。1988年国务院颁布《女职工劳动保护规定》,统一了企业和国家机关、事业单位的生育保险待遇。

1994年,根据《劳动法》建立生育保险制度的要求,劳动部出台了《企业职工生育保险试行办法》,对企业职工生育保险的基本原则、实施范围、待遇标准、基金管理、监督机制等作出了明确规定。此后,全国有31个省(自治区、直辖市)出台了生育保险方面的地方性法规、地方政府规章或者其他规范性文件,对本省(自治区、直辖市)生育保险制度作出了具体安排。

2011年7月起施行的《社会保险法》进一步规定了生育保险的覆盖范围、筹资和待遇项目。2017年末全国参加生育保险人数为19 300万人,比上年末增加849万人。全年共有1 113万人次享受了生育保险待遇。[1]

---

[1] 数据来源:人力资源和社会保障部.2017年度人力资源和社会保障事业发展统计公报[R].

二、我国生育保险制度的主要内容

（一）参保范围

凡是与用人单位建立了劳动关系的职工，包括男职工，都应当参加生育保险。具体包括企业、机关、事业单位、社会团体、民办非企业单位、基金会、律师（会计师）事务所、有雇工的个体工商户和与之形成劳动关系的职工。

（二）筹集方式

生育保险基金按照"以支定收、收支平衡"的原则筹集和使用。生育保险基金由用人单位缴纳的生育保险费、生育保险基金的利息收入和依法纳入生育保险基金的其他资金构成。

用人单位按照国家规定缴纳生育保险费，职工不缴纳生育保险费。用人单位按照本单位职工工资总额的一定比例缴纳生育保险费，具体缴费比例由各统筹地区根据当地实际情况测算后提出。例如，北京的生育保险缴费比例为职工缴费总基数的0.80%。

如果用人单位参保后未按时足额缴费的，在欠缴期间职工享受生育保险待遇的有关费用由用人单位支付；单位按有关规定补足全部欠缴的生育保险费后，生育保险基金予以补支。用人单位漏报、少报职工的缴费工资，给职工生育保险津贴造成损失的，由用人单位负责赔偿。

（三）待遇结构

职工所在用人单位依法为其缴纳生育保险费的，职工可以按照国家规定享受生育保险待遇。由于各地政策不同，一般要求用人单位为其职工缴纳一定时间的生育保险费，职工才可以享受生育保险待遇，例如，北京市要求连续缴纳社保9个月，广州市要求累计缴纳社保1年。

按照国家规定，职工享受的生育保险待遇主要包括生育医疗费用和生育津贴。

1. 生育医疗费用

生育医疗费用包括生育的医疗费用、计划生育的医疗费用和法律、法规规定的应当由生育保险基金支付的其他项目费用。其中，计划生育的医疗费用指职工放置或者取出宫内节育器、施行输卵管或者输精管结扎及复通手术、实施人工流产术或者引产术等发生的医疗费用。

参加生育保险的人员在协议医疗服务机构发生的生育医疗费用，符合生育保险药品目录、诊疗项目及医疗服务设施标准的，由生育保险基金支付。需急诊、抢救的，可在非协议医疗服务机构就医。

按照国家规定由公共卫生服务项目或者基本医疗保险基金等支付的生育医疗费用，生育保险基金不再支付。

2. 生育津贴

生育津贴是女职工按照国家规定享受产假或者计划生育手术休假期间获得的工资性补偿，按照职工所在用人单位上年度职工月平均工资的标准计发。

生育津贴即为产假工资，生育津贴高于本人工资标准的，用人单位不得克扣；生育津贴低于本人工资标准的，差额部分由用人单位补足。

生育津贴支付期限按照《女职工劳动保护特别规定》中关于产假的规定执行。女职工生育享受98天产假；难产的，增加产假15天；生育多胞胎的，每多生育1个婴儿，增加产假15天。女职工怀孕未满4个月流产的，享受15天产假；怀孕满4个月流产的，享受42天产假。

3. 晚育津贴

一些地区为了鼓励晚婚晚育，还规定有晚育津贴，即女职工生育时，年满24周岁，男方或女方参加生育保险，男方或女方任一方均可享受晚育津贴待遇，标准为一个月的单位月平均缴费基数。

晚育奖励假由夫妻双方一方享受。女职工享受晚育奖励假的，生育津贴按女职工缴费基数计算，由社会保险经办机构通过女职工单位支付给个人；男职工享受晚育奖励假的其奖励假的津贴按男职工缴费基数计算，由社会保险经办机构通过男职工单位或女职工单位支付给个人。

男职工享受的晚育奖励假，津贴为本人同期休假的工资，其晚育奖励假津贴低于本人工资标准的，差额部分由男职工单位负责。

夫妻二人如男方单位参加了生育保险，女方没参加，能享受的生育保险待遇包括：（1）如果男方发生了计划生育方面的费用，可以通过男方生育保险报销。（2）如果女方符合晚育规定的，可以从男方的单位申报30天的晚育津贴。

本章思考题

- 简述我国工伤保险费率厘定的方式。

- 简述工伤认定的十种情形。

- 简述我国工伤保险的待遇结构。

- 简述我国失业保险基金的筹集方式。

- 简述我国失业保险覆盖范围和基本待遇结构。

- 简述我国生育保险基金的筹集方式。

- 简述我国生育保险覆盖范围和基本待遇结构。

参考文献

[1] 郑功成．中国社会保障论[M]．北京：中国劳动出版社，2009．

[2] 郑功成．社会保障学[M]．北京：中国劳动社会保障出版社，2005．

[3] 孙光德，董克用．社会保障概论（第五版）[M]．北京：中国人民大学出版社，2016．

[4] 李珍．社会保障理论[M]．北京：中国劳动社会保障出版社，2016．

[5] 郭士征．社会保障学（第二版）[M]．上海：上海财经大学出版社，2009．

[6] 张琪．社会保障概论[M]．北京：中国劳动社会保障出版社，2017．

[7] 侯文若．社会保险[M]．北京：中国劳动社会保障出版社，2005．

[8] [美]乔治·E．雷吉达．社会保险与经济保障[M]．北京：经济科学出版社，2005．

[9] 邓大松．社会保险[M]．北京：中国劳动社会保障出版社，2002．

[10] 葛寿昌．社会保障经济学[M]．上海：上海财经大学出版社，1999．

[11] 林义．社会保险[M]．北京：中国金融出版社，1998．

[12] 姚岚，熊先军．医疗保障学（第二版）[M]．北京：人民卫生出版社，2017．

[13] 杨燕绥．医疗服务治理结构和运行机制：走进社会化管理型医疗[M]．北京：中国劳动社会保障出版社，2009．

[14] 卢祖洵．社会医疗保险学（第三版）[M]．北京：人民卫生出版社，2012．

[15] 孙祁祥，郑伟．中国养老年金市场：发展现状、国际经验与未来战略

[M]．北京：经济科学出版社，2013．

[16]　余桔云．养老保险：理论与政策[M]．上海：复旦大学出版社，2015．

[17]　鲍勇，周尚成．健康保险学[M]．北京：科学出版社，2018．

[18]　陈树文．企业年金与管理（第二版）[M]．大连：大连理工大学出版社，2014．

[19]　陈文辉．我国城乡居民大病保险发展模式研究[M]．北京：中国经济出版社，2013．

[20]　孙洁．社会保险法讲座[M]．北京：中国法制出版社，2011．

[21]　万峰．个人和家庭风险管理[M]．北京：中国金融出版社，2018．

后　记 Postscript

　　为切实服务公司战略和业务发展，推动教育培训工作迈向"正规化、专业化、系统化"，我们依据《新华保险教材体系建设规划》，于2018年1月启动了新华保险制式培训教材的编写工作。通过"总公司整体组织，总公司教育培训部牵头实施，分公司及总公司专业部门共同参与"的教材开发机制，遵循"先纲目设计，再分组编写初稿，然后集中统稿，最后总纂成稿"的科学开发流程完成了编写工作，并在公司编委会领导的全面指导、审核把关和相关部门的通力协作、全力支持下，最终成书。

　　《社会保障概论》一书，从社会保障的基本概念、体系框架入手，重点介绍了医疗保障体系、养老保障体系等相关项目，旨在帮助读者掌握基本的社会保障知识，加深对商业保险从社会保障的"补充"到"支柱"的理解，从而更好地服务客户。

　　本教材由新华人寿保险股份有限公司教育培训部负责统筹定稿，人力资源部、深圳分公司、广东分公司负责编写。其中，广东分公司陈思婷、黄幸璐负责第一章的初稿编写，深圳分公司陈倩、总公司人力资源部张应磊负责第二章的初稿编写，深圳分公司何宗蔚、林佳负责第三章的初稿编写，深圳分公司周丽负责第四章的初稿编写。总公司教育培训部王锲夫、深圳分公司周丽负责统稿。

　　鉴于编写经验有限、时间仓促，本教材难免有疏漏之处，敬请读者谅解和批评指正。